Secretos de un
Guerrero
de
Oración

Secretos de un
Guerrero
De
Oración

DEREK PRINCE

EDITORIAL
DESAFÍO

Traducción: Rogelio Díaz-Díaz
Edición: Miguel Peñaloza

Publicado y Distribuido por Editorial Desafío
Cra. 28ª No.64ª- 34
Bogotá, Colombia
Tel. (571) 630 0100
Email: desafio@editorialbuenasemilla.com
www.editorialdesafio.com

Categoría: Oración/Guerra Espiritual
Producto No.601013
ISBN 978 958 737 041 6

Impreso en Colombia
Printed in Colombia

ÍNDICE

INTRODUCCIÓN

D erek Prince fue un guerrero de oración.
Ciertamente poseía otros dones y atributos.
El mejor de todos: era un maestro bíblico prolífico, con más de 600 mensajes grabados, casi 60 libros en imprenta y más de 100 grabaciones de video con sus respectivas enseñanzas. Era un maestro bíblico que poseía una tremenda profundidad.

Derek también fue un esposo amoroso (durante un lapso de 53 años) de dos esposas que partieron ambas antes que él hacia la gloria. Se casó por primera vez, siguiendo la notable dirección del Señor, con Lydia en 1945 e inmediatamente se convirtió en padre de ocho hijas adoptivas. (Jesica, su novena hija, se añadió a la familia mientras él y su esposa realizaban una labor ministerial en Kenia.) Lo irónico en cuanto a su "familia inmediata" es que fue criado como hijo único en la privilegiada cultura británica, y era un soltero de treinta años de edad cuando se casó. Su matrimonio con Ruth ocurrió en 1978, tres años después de que Lydia falleciera, y también como resultado de la especial dirección divina al respecto.

Derek también fue un filósofo y un brillante erudito con logros académicos que podrían llenar una página. Otra experiencia excepcional para él fue prestar servicios en una unidad médica en el desierto del norte de África durante la Segunda Guerra mundial, inmediatamente después de su conversión. Derek hablaba con fluidez varios idiomas. Leía su Nuevo Testamento en el griego original y también dominaba el hebreo. Su conocimiento y brillo intelectual abarcaba un amplio espectro. En muchos aspectos era un genuino renacentista, aunque probablemente él no consideraría tal afirmación un elogio.

Se podría hacer una larga lista de los acontecimientos y logros singulares de la vida y ministerio del señor Prince así como de sus roles: maestro, escritor, esposo, padre, pionero y líder espiritual en muchas actividades cristianas. Otra vez hay que decir que él no se hubiera sentido complacido de figurar en esta lista porque consideraba que lo que él fue y logró debía acreditarse al Señor. Pero de todos sus roles uno debe destacarse: Derek Prince fue un guerrero de oración.

Un pastor contaba que él y su esposa disfrutaron un almuerzo con Derek y Lydia a comienzos de la década del 70. Durante la charla, de una manera muy natural, Lydia codeaba a su esposo y le decía: "Pienso que debemos orar por Jim y Janice." Entonces oraban por breves instantes. Minutos después volvía a decir: "Oremos por Frank y Betty." Cada vez Derek hacía una pausa en la conversación tomaba la mano de su esposa y elevaba una oración sencilla y directa y luego retomaba la charla. Según ese pastor, esta fue una cita poco común para él y su esposa pero de ninguna manera fue desagradable. La oración era algo natural y frecuente para Derek y Lydia y luego fue lo mismo con Ruth.

Derek Prince fue un guerrero de oración.

Definición de los términos

La declaración suscita una pregunta: ¿Qué es exactamente un guerrero de oración? La mejor forma de responderla de manera definitiva es leyendo el libro que tiene en sus manos.

El factor que complica las cosas al empezar el proceso de respuesta proviene del estado actual de la oración en la Iglesia. *Guerrero de oración* es una frase familiar en los círculos cristianos que se expresa con frivolidad. Se utiliza para describir a alguien con suficientes agallas para bombardear las puertas de los cielos con peticiones y declaraciones espirituales. Como usted lo verá a través de la lectura de este libro, Derek no tenía un concepto displicente de lo que es ser un "guerrero de oración."

Un buen ejemplo de esta afirmación es la declaración de un líder de alabanza en una reunión hace algunos años, quien en un momento de entusiasmo dijo:

"¡Estoy tan emocionado esta noche! Me siento capaz de apagar el infierno con un cubo de agua."

Derek, que además de otros rasgos poseía un maravilloso sentido del humor, hubiera reído con nosotros ante tal exclamación. Pero cuando se trataba del tópico de la oración, él era cualquier cosa menos displicente.

Una declaración asombrosa

Estamos insistiendo en este "enfoque frívolo" del guerrero de oración por algo que Derek dice justo al principio de este libro. De hecho es algo que podría causar molestia.

En el primer párrafo del capítulo uno, la primera afirmación que hace suena bastante ligera, frívola y egoísta, incluso petulante. En efecto al leerla u oírla por primera vez (Derek la repetía constantemente cuando enseñaba sobre la oración) se puede reaccionar negativamente. Esta es su afirmación: "Por mi parte, me encanta orar; y lo que es más, obtengo aquello por lo cual oro."

A primera vista esa afirmación parece bastante ligera. Pero él va aún más allá con su siguiente promesa: "Eso precisamente es lo que voy a enseñarle en este libro: a lograr lo que pide cuando ora." Todo esto parece peligrosamente similar a la forma de pensar que prevalece en algunos círculos cristianos en donde encontramos la mentalidad facilista de que la oración es como "echarle la moneda a la máquina y sacar la barrita de caramelo." La imagen desagradable que llega a la mente es la del hijo malcriado que suplica, halaga, o hace un berrinche hasta que Dios se rinde y concede la petición.

Por desgracia, ese tipo de actitudes y enfoques sobre la oración son demasiado comunes entre los cristianos en nuestros días. Por esa razón es que este libro será tan útil. En los capítulos que usted va a leer, Derek no nos enseña cómo hacer que las oraciones desesperadas y egoístas tengan respuesta sino cómo alinearnos con el Señor en la actitud y en la vida práctica, de una manera en que oremos con humildad y, por lo tanto, podamos obtener no simplemente lo que nosotros deseamos sino lo que en últimas es el deseo de Dios para nosotros.

Pongámonos en línea con el Señor

El Salmo 37: 4 expresa muy bien este concepto: *"Deléitate asimismo en el Señor, y él te concederá las peticiones de tu corazón."* Algunos cristianos consideran esta promesa como una invitación a hacer peticiones egoístas. En efecto, muchos creyentes la han malinterpretado pensando que Dios nos dará cualquier cosa que queramos, cualquier deseo trivial que nos llegue repentinamente. Pero un amigo de los *Ministerios Derek Prince* hizo una observación que concuerda totalmente con lo que Derek enseña en este libro. Su conclusión fue la siguiente: "Al deleitarnos en el Señor nos alineamos tan estrechamente con su voluntad y sus deseos que lo que terminamos pidiendo en oración es precisamente lo que él desea para nosotros. Ni más ni menos." Eso difiere mucho del cuadro del hijo malcriado que ya mencionamos.

Derek deja bien en claro a través de su libro que hay condiciones que cumplir, hábitos que se deben establecer, y claves comprobadas para tener seguridad al orar, y que cuando cumplimos con esas condiciones vemos los resultados en la oración. Esa es la misma clase de efectividad que Derek vio durante toda su vida porque fue "un guerrero de oración."

Los secretos de su vida de oración ya no son secretos. Derek los comparte abiertamente y de manera comprensiva en este libro. Realmente, como ocurre con la mayoría de "secretos" de la fe cristiana, éstos estaban ahí, a la vista de todos, destacados y evidentes en la Palabra de Dios. Pero Derek nos los presenta con claridad en su manera talentosa e inimitable porque él era un guerrero de oración.

Y confiamos en que, aplicando las verdades expuestas en este libro, usted también llegará a ser un guerrero de oración.

El Equipo Editorial Internacional de los

Ministerios Derek Prince

1

Un Reino de Sacerdotes

[Jesús] nos hizo reyes y sacerdotes
para Dios, su Padre. Apocalipsis 1: 6

En este libro voy a tratar uno de mis tópicos favoritos: el de la *oración*. Supongo que para algunas personas la oración parece ser algo así como un deber religioso. Por mi parte, me encanta orar, y lo que es más, obtengo aquello por lo cual oro. Eso es precisamente lo que voy a enseñarle en este libro: a obtener lo que pide cuando ora de acuerdo con la voluntad de Dios.

Cuando acudimos a Dios es necesario que sepamos que Dios desea que lo busquemos por medio de la oración. Probablemente la mayoría de nosotros necesita cambiar una actitud negativa de imágenes poco atractivas de Dios. Yo sé que tuve esas ideas negativas de Dios en mi niñez. A menudo estas imágenes se interponen entre Dios y nosotros y estorban nuestras oraciones.

13

Recuerdo que cuando era niño de escuela –mis años como escolar fueron largos y pesados–, pensaba en Dios como alguien semejante al director de la escuela. Realmente no sentía mucho amor por el director, pero así era como yo visualizaba a Dios, como el director de la escuela sentado ante el escritorio de su oficina al final del largo pasillo. Si alguna vez uno tenía que comparecer ante él debía caminar en puntillas por el corredor. Las losas del piso sonaban al andar anunciando que uno iba camino hacia su oficina. Al tocar a la puerta su voz gruñona lo autorizaba a uno a entrar y empezaba entonces una dura reprensión por algo que uno había hecho o dejado de hacer.

Pero yo estaba equivocado. Para que yo pudiera finalmente orar con eficacia tenía que cambiar esa visión que tenía de Dios. En la iglesia he descubierto que muchas personas tienen en su mente una imagen de Dios similar a la del director de la escuela, como alguien que está al final de un largo camino, bastante alejado, que no quiere que lo molesten y que probablemente nos va a reprender y, finalmente lo mejor que podemos hacer es mantenernos lo más lejos posible de él.

Ahora bien, esa no es la verdad acerca de Dios. Cuando acudimos a él humildemente, nunca nos reprocha; por el contrario, nos da una calurosa bienvenida. Si algo nos va a decir es: "¿Por qué te demoraste tanto en venir?"

¡Vaya bienvenida!

En la bien conocida historia que Jesús contó sobre el Hijo Pródigo, la Biblia nos pinta un cuadro hermoso de la manera en que Dios nos recibe cuando acudimos a

14

él humildemente. Este hijo pródigo (derrochador, malgastador) se fue del hogar paterno, derrochó todo lo que tenía y se metió en tales problemas que terminó en la más absoluta postración. Cuando este joven terminó con todos sus recursos, pensó: *Mejor vuelvo a casa. Tal vez mi padre me reciba otra vez. No puedo pedirle que me acoja otra vez como su hijo, pero sí como a uno de sus jornaleros.* Ahora bien, quiero que note cómo lo recibió el padre.

> *Y levantándose [el hijo] vino a su padre. Y cuando aún estaba lejos, lo vio su padre, y fue movido a misericordia, y corrió, y se echó sobre su cuello, y le besó.*
>
> Lucas 15: 20

Mire qué bienvenida tan amorosa la que recibió este joven cuando estuvo dispuesto a dar la vuelta y regresar al hogar. No tuvo siquiera necesidad de decir: "Recíbeme como a uno de tus jornaleros" porque cuando su padre lo vio comenzó a besarlo haciéndolo sentir bienvenido.

Ese es un hermoso cuadro de la forma en que Dios nos recibe. No nos reprende, no nos culpa ni nos trata con severidad y tampoco se muestra distante. Él es amoroso, cálido y misericordioso. Santiago 1: 5 (NVI) nos dice que Dios "nos da generosamente y sin echarnos nada en cara." Recuerde siempre esto cuando piense en la oración. Dios nos da generosamente y no nos hace reproches. Cuando grabamos esa imagen de Dios en nuestro modo de pensar, cambia totalmente la forma en que oramos.

Jesús vino para mostrar a la humanidad lo que es el Padre, y su enseñanza sobre la oración, como todas las demás, fue absolutamente positiva. Esto es lo que dijo en el Sermón del Monte:

Pedid, y se os dará; y buscad, y hallaréis; llamad, y se os abrirá. Porque todo aquel que pide, recibe; y el que busca, halla; y al que llama, se le abrirá.
Mateo 7: 7 – 8.

Note estas tres declaraciones positivas: Todo el que pide recibe; el que busca, encuentra; al que llama, se le abre. En Mateo 21: 22 (NASB) Jesús dijo: "Todas las cosas que pidan en oración, creyendo, las recibirán." Y otra vez en Marcos 11: 24, dijo: "Por tanto, os digo que todo lo que pidiereis orando, creed que lo recibiréis, y os vendrá."

¿Qué podría ser más incluyente que esas palabras? *Todo. Cualquier cosa.*

Al final del discurso a sus discípulos en el Evangelio de Juan, Jesús otra vez nos asegura –tres veces– que Dios responde nuestras oraciones. Mire con cuidado estas palabras:

Y todo lo que pidiereis al Padre en mi nombre, lo haré, para que el Padre sea glorificado en el Hijo.
Juan 14: 13 – 14.

Si algo pidiereis en mi nombre, yo lo haré. ¡Qué comprensivo!

Si permanecéis en mí, y mis palabras permanecen en vosotros, pedid todo lo que queréis y os será hecho.
Juan 15: 7

Pedid todo lo que queréis. ¿Podría ofrecer más que eso?

16

Hasta ahora nada habéis pedido en mi nombre; pedid, y recibiréis, para que vuestro gozo sea cumplido.

Juan 16: 24

Pedid y recibiréis. Hay cierta alegría especial que nos embarga cuando nuestras oraciones son contestadas. Jesús quiere que la tengamos en nuestro corazón y por lo tanto dice: "¡Pidan!"

Saber que el Dios Todopoderoso, Creador del cielo y de la tierra, Señor de todo el universo, tiene su oído dispuesto a escuchar nuestra oración personal e individual, es una de las experiencias más emocionantes que alguien puede tener en toda su vida.

Por eso el Señor Jesús nos enseñó, no solamente con palabras sino con su ejemplo, y éste permanece y es válido el día de hoy. Veamos cómo podemos seguir a Jesús a su ámbito de oración.

La vida de oración continua de Jesús

Isaías 53 nos hace una descripción bien conocida y gloriosa de la obra expiatoria de Cristo. El versículo final dice así:

Por tanto, yo le daré parte con los grandes, y con los fuertes repartirá despojos; por cuanto derramó su vida hasta la muerte, y fue contado con los pecadores, habiendo él llevado el pecado de muchos, y orado por los transgresores.

Isaías 53: 12

Notará que en este pasaje se registran cuatro hechos de Jesús.

Derramó su vida hasta la muerte. Levítico 17: 11 dice que "la vida de la carne, en la sangre está." Jesús derramó su alma hasta la muerte, cuando derramó hasta la última gota de su sangre.

Fue contado con los transgresores. Él fue crucificado junto a dos ladrones.

Llevó el pecado de muchos. Se convirtió en la ofrenda por el pecado de todos nosotros.

Hizo intercesión por los transgresores. Jesús hizo la máxima intercesión posible desde la cruz. Él dijo: "Padre, perdónalos porque no saben lo que hacen" (Lucas 23: 34). Con su acción estaba diciendo: "Que el juicio que ellos merecen caiga sobre mí." Y así ocurrió.

Pero la vida de oración de Jesús no cesó con su muerte y su resurrección. En Hebreos leemos:

> *[Jesucristo], por cuanto permanece para siempre, tiene un sacerdocio inmutable; por lo cual puede también salvar perpetuamente a los que por él se acercan a Dios, viviendo siempre para interceder por ellos.*
>
> Hebreos 7: 24 – 25

Estos versículos ofrecen una perspectiva bastante interesante del transcurso de la vida de Jesús. Pasó treinta años en el anonimato en un perfecto ambiente familiar. Luego tres años y medio en un ministerio poderoso y dramático, y después, ¡casi dos mil años en intercesión! El escritor de la carta a los Hebreos nos da una visión adicional del actual ministerio de Jesús:

Jesús entró por nosotros como precursor (hasta dentro del velo), hecho sumo sacerdote para siempre según el orden de Melquisedec. Porque este Melquisedec, rey de Salem, sacerdote del Dios Altísimo.

Hebreos 6: 19 – 7: 1

Cuando leo estos versículos yo siempre recuerdo el Tabernáculo de Moisés en el cual colgaban dos largas cortinas o velos. La entrada más allá del primer velo se asemeja a la unión con Cristo en su resurrección. Es aquí donde tenemos los cinco ministerios del cuerpo eclesiástico: apóstoles, profetas, evangelistas, pastores y maestros. El paso del segundo velo al área conocida como el "Lugar Santísimo" significa ir más allá de la resurrección y llegar a la ascensión. Aquí es donde los creyentes se identifican con Jesús en su ascensión: sentados con Cristo en su trono (ver Efesios 2: 6). Tras el segundo velo empezamos a descubrir los dos grandes ministerios finales.

Cuando el escritor de Hebreos dice que Jesús traspasó el segundo velo como sacerdote del orden de Melquisedec quiere decir que el orden celestial es del rey y sacerdote único. En la tierra es emocionante ser un apóstol, si es que usted es uno, o aún un profeta. Esos son dones maravillosos. Pero la Escritura reserva la promesa a un nivel de ministerio mucho más emocionante. Tras el segundo velo, Jesús es Sacerdote y Rey. Y nosotros también tenemos la oportunidad de participar con él en ese ministerio.

El ministerio de un Sacerdote

La mayoría de personas entiende la función de un rey que es gobernar, pero nuestra participación en el rol de sacerdotes no se entiende tan fácilmente.

Comencemos con la palabra que describe el ministerio particular de un sacerdote: *sacrificio*. El libro de Hebreos menciona muchas veces esta relación. Por ejemplo, en 5: 1, dice: "Porque todo sumo sacerdote tomado de entre los hombres es constituido a favor de los hombres en lo que a Dios se refiere, para que presente ofrendas y sacrificios por los pecados." En 8: 3 dice: "Porque todo sumo sacerdote está constituido para presentar ofrendas y sacrificios." Los sacerdotes ofrecen sacrificios. Podemos decir que los únicos en la Biblia a quienes Dios autorizó para ofrecerle sacrificios fueron los sacerdotes. (Dos reyes, Saúl y Uzías, ofrecieron sacrificios y fueron juzgados severamente por el Señor porque no eran sacerdotes.)

Por estos pasajes escriturales entendemos, pues, que ninguna persona que no sea un sacerdote puede ofrecer a Dios un sacrificio o una ofrenda. La gente en general no está autorizada para acudir a Dios con un don aunque sea un diezmo. Deben hacerlo a través de un sacerdote para la iglesia (el alfolí).

Partiendo de esa base, ciertas palabras del apóstol Pablo parecen contradictorias. Él les dijo a los primeros cristianos que se esperaba que se presentaran ante Dios con ofrendas sacrificiales. "Vosotros también. Como piedras vivas, sed edificados como casa espiritual y sacerdocio santo, para *ofrecer sacrificios* espirituales aceptables a Dios por medio de Jesucristo" (1ª de Pedro 2: 5, énfasis agregado). Es claro que aquí el verbo es *ofrecer*, y el sustantivo, *sacrificios*, dos palabras que se relacionan y son inherentes al oficio de sacerdote.

La mayoría de los primeros cristianos no eran sacerdotes, ni lo somos nosotros, mucho menos sacerdotes levíticos. ¿Cuál es, pues, el significado de esta Escritura? La respuesta la encontramos otra vez en el ejemplo establecido por el Señor Jesús.

Un sacerdocio mayor

Durante el tiempo que estuvo en la tierra Jesús no fue un sacerdote levítico. El escritor de Hebreos lo expresa con bastante claridad: "Si estuviese sobre la tierra, ni siquiera sería sacerdote, habiendo aún sacerdotes que presentan las ofrendas según la ley" (Hebreos 8: 4). Jesús no descendía de la tribu de Leví, por lo tanto no tenía derecho de ofrecer sacrificios como parte del sacerdocio levítico.

Jesús tuvo un tipo diferente de sacerdocio que se describe en Hebreos capítulos 6 y 7. Miremos otra vez estos versículos que cité hace poco: "Jesús entró por nosotros como precursor (hasta dentro del velo), hecho sumo sacerdote para siempre según el orden de Melquisedec. Porque este Melquisedec, rey de Salem, [era] sacerdote del Dios Altísimo" (Hebreos 6: 19 – 7: 1)

No es necesario decir más. El nombre *Melquisedec* en Hebreo significa "rey de justicia." Su nombre lo mostraba como rey, y su posición era sacerdote de Salem que significa *paz*. El suyo es el primer sacerdocio que se menciona en la Biblia (ver Génesis 14: 18).

El sacerdocio levítico que estableció la Ley de Moisés fue un sacerdocio inferior. El sacerdocio permanente y eterno fue el de Melquisedec, de cuyo orden es el sacerdocio de Jesús.

Es interesante notar que Abraham ofreció sus diezmos a Melquisedec, y a su vez éste le dio a Abraham dos cosas: pan y vino. En la Última Cena cuando Jesús tomó el pan y el vino y lo dio a los discípulos, lo que dijo en efecto fue: "En estos elementos ustedes ven reinstaurado en mí el sacerdocio de Melquisedec." Estas dos prácticas –el diezmo y la comunión– son las ordenanzas más antiguas en el servicio sacerdotal del Señor en la Iglesia.

Puesto que Jesús fue un sacerdote, aunque no del orden levítico, ofreció sacrificios cuando estuvo en la tierra. Cuando nos remitimos al libro de Hebreos vemos el sacrificio que ofreció y cómo éste se aplica a nosotros. Aquí su autor cita el Salmo 110: "Como también dice en otro lugar: Tú eres sacerdote para siempre, según el orden de Melquisedec. Y Cristo, en los días de su carne, ofreciendo ruegos y súplicas, con gran clamor y lágrimas..." (Hebreos 5: 6 – 7).

Esas palabras, *Tú eres sacerdote para siempre, según el orden de Melquisedec,* se aplicaron a Jesús. Tenemos entonces los tres sacrificios sucesivos de Jesús en su rol sacerdotal: Primero, sobre la tierra ofreció ruegos y súplicas con gran clamor a Dios; segundo, sobre la cruz se ofreció a sí mismo; y tercero, en los cielos ejerce continuamente el ministerio sacerdotal de la intercesión.

Sigamos el ejemplo de Jesús

Este ejemplo de Jesús muestra qué es lo que Dios quiere que lleguemos a ser. Las siguientes palabras se encuentran en el libro de Apocalipsis: "Al que nos amó y nos lavó de nuestros pecados con su sangre, y nos hizo reyes y sacerdotes para Dios, su Padre; a él sea gloria e imperio por los siglos de los siglos. Amén." (Apocalipsis 1: 5 – 6).

Mediante el perdón de nuestros pecados y la limpieza por la sangre de Jesús, hemos llegado a ser parte de un reino de sacerdotes. Otras traducciones dicen "reyes y sacerdotes" o un "reino de sacerdotes." Sin embargo se ha dicho que podemos acoger dos de las más altas funciones que el ser humano tiene a su disposición. El destino que Dios ha señalado para su pueblo y el propósito divino es que sea un reino de sacerdotes.

En la práctica, ¿qué significa para nosotros ser reyes y sacerdotes? Como reyes se supone que gobernemos en su Reino; como sacerdotes debemos ofrecer sacrificios. Pero note la relación específica: un reino *y* sus sacerdotes, o un reino *de* sacerdotes. El pueblo de Dios no es uno de los dos. Como miembros del reino, es responsabilidad nuestra gobernar el mundo para Dios. Pero sólo cuando aprendemos a ministrar como sacerdotes podemos hacerlo así.

¿Qué tipo de sacrificios espirituales espera Dios que ofrezcamos? Tal como Jesús ofreció oraciones y peticiones durante el tiempo que vivió sobre la tierra, así debemos hacerlo nosotros. Cuando aprendemos a orar, entonces estamos calificados para gobernar.

¿Lo está llamando Dios a usted?

Hace algunos años me convertí en ciudadano estadounidense. Llegué a hacerlo por mi propia decisión. Créanme que sopesé esa decisión con mucho cuidado. Y aunque podía prever la tremenda posibilidad de que el juicio de Dios caiga sobre los Estados Unidos por haber abandonado sus leyes, decidí que quería identificarme con esta nación, para bien o para mal.

La decisión de comprender el poder de la oración y de ocupar su lugar como una persona del Reino de Dios no es de menor importancia. Piénselo. ¿Está dispuesto a decir: "Dios, si puedes hacerme un sacerdote en tu Reino, estoy dispuesto a pagar el precio"?

Permítame decirle que no existe un llamamiento superior. Cuando usted ora llega a alcanzar el trono mismo de Dios. Los demás quizás no lo vean porque usted está tras el segundo velo, pero su vida contará para Dios y será importante para él ahora y por la eternidad.

Tal vez usted no se considere una persona fuerte en la oración, pero si se ofrece a sí mismo a Dios, él hará con usted lo que desea. Ello probablemente implicará ciertos cambios en la forma en que usted hace las cosas, pero la diferencia será una oración contestada. En realidad no es algo difícil sino algo muy práctico. En este libro aprenderemos cómo acercarnos a Dios de acuerdo con los requerimientos bíblicos para que la oración sea contestada.

En este libro conoceremos muchos tipos de oración tales como la de petición y la oración que reclama algo. Entenderemos el lugar de la guerra espiritual; aprenderemos cómo conocer la voluntad de Dios y orar para que ella se cumpla. Es posible orar con confianza. Recuerde que *Dios quiere que oremos y que obtengamos lo que pedimos*.

Mi oración es que Dios lo bendiga en este llamado, que mantenga su mano sobre usted y que lo guíe por sendas de disciplina e instrucción. Que lo convierta en la persona que usted le ha prometido ser.

¿Listo? Entonces continuemos.

2

CONDICIONES BÁSICAS PARA QUE UNA ORACIÓN SEA CONTESTADA

Me invocará, y yo le responderé. Salmo 91: 15

L a oración es una de las más grandes oportunidades y uno de los más grandes privilegios y ministerios que están a disposición de todos los cristianos. Al leer los evangelios no encuentro que Jesús haya enseñado alguna vez a sus discípulos a predicar, pero sí los enseñó a orar. Yo creo que todo el que quiere ser discípulo de Jesucristo –que desea ocupar su lugar en el Reino de sacerdotes de Dios– debe procurar aprender a orar eficazmente. Recuérdelo: Dios no solamente nos da la bienvenida cuando oramos; él espera que oremos.

Entonces tenemos aquí ocho condiciones que la Escritura nos da para acercarnos a Dios en oración de una forma tal que logremos las respuestas adecuadas. Estos son los requerimientos básicos, el primer paso para que nuestras oraciones sean respondidas.

1. Acérquese a Dios con sumisión reverente

Como ya lo hemos visto, Hebreos 5: 7 habla de la vida de Jesús en la tierra y la manera en que oró: "Y Cristo, en los días de su carne, ofreció ruegos y súplicas con gran clamor y lágrimas al que le podía librar de la muerte, y fue oído a causa de su temor reverente."

Ya estudiamos la primera parte de este versículo desde el punto de vista de Jesús como ejemplo de lo que es un sacerdote, y que durante su vida terrenal ofreció oraciones y peticiones al Padre. Pero al final este versículo nos dice algo más que es importante. Se nos dice que Dios, el Padre, siempre escuchó las oraciones de su Hijo. Dice que Jesús fue oído por causa de su sumisión reverente. Esta es la primera condición que debemos cumplir al acercarnos a Dios.

¿Cómo expresó Jesús esta reverente sumisión? Este versículo del escritor de Hebreos se refiere al momento en que Jesús oró en el Huerto de Getsemaní. La siguiente es la descripción que Mateo hizo de ese acontecimiento:

> *Yendo un poco adelante se postró sobre su rostro, orando y diciendo: Padre mío, si es posible, pase de mí esta copa; pero no sea como yo quiero, sino como tú. Otra vez fue, y oró por segunda vez, diciendo: Padre mío, si no puede pasar de mí esta copa sin que yo la beba, hágase tu voluntad.*
>
> Mateo 26: 39, 42

La sumisión reverente consiste, por lo tanto, en decirle al Padre: "No se haga mi voluntad, sino la tuya," en renunciar a nuestra propia voluntad y acoger la voluntad de Dios.

Jesús nos dejó una oración como modelo. Ella es, por supuesto, la que llamamos el "Padrenuestro," que incluye este mismo principio. Él nos enseñó a orar, diciendo: "Venga tu reino. Hágase tu voluntad, como en el cielo, así también en la tierra" (Mateo 6: 9 – 10).

Cuando acudimos a Dios debemos decirle: "Hágase tu voluntad." Y dentro de esas palabras está implícita esta decisión: "Si tu voluntad y la mía no concuerdan, renuncio a mi voluntad para que se haga la tuya." Cuando las dos voluntades estén en conflicto, es a la voluntad de Dios a la que se le debe permitir el libre curso de acción.

Este requerimiento trata con un aspecto de la "vieja naturaleza. En su carta a los Efesios Pablo lo explicó de esta manera:

> *Con respecto a la vida que antes llevaban, se les enseñó que debían quitarse el ropaje de la vieja naturaleza, la cual está corrompida por los deseos engañosos; ser renovados en la actitud de su mente; y ponerse el ropaje de la nueva naturaleza creada a imagen de Dios, en verdadera justicia y santidad.*
>
> Efesios 4: 22 – 24 NVI

Existen dos "egos" o dos formas en que manifiesta el "yo": El viejo "yo" corresponde a nuestra naturaleza antes de que Dios nos transformara. Para que la nueva

29

persona pueda expresarse, primero tenemos que silenciar a la antigua naturaleza. Eso es algo que nosotros mismos tenemos que hacer; Dios no lo hace por nosotros. Ahora entendemos que cuando le decimos a Dios: "No se haga mi voluntad sino la tuya", estamos silenciando al viejo hombre. Y cuando le decimos: "Hágase tu voluntad", nos estamos vistiendo del nuevo hombre. [1]Así es como somos transformados y nuestras mentes y actitudes son renovadas.

Si Dios fuera a responder todas las oraciones del viejo yo en cada uno de nosotros, el universo sería un caos. Permítame darle tan sólo un ejemplo. Los niños de la escuela dominical planean un asado al aire libre y oran diciendo: "Señor, haz que no llueva." Eso es lo que decimos nosotros mientras que el pobre agricultor cuya cosecha se va a perder por falta de agua clama: "Señor, por favor envía la lluvia. Necesitamos que llueva." ¿Cómo puede Dios responder ambas peticiones? Por supuesto, la verdad es que él no está comprometido a responder ninguna petición a menos que sea la oración del nuevo yo, el cual ya renunció a su propia voluntad.

O miremos otro ejemplo típico. Dos naciones están en guerra entre ellas. Los cristianos de cada una de ellas oran: "Señor, da la victoria a nuestra nación." ¿Cómo puede Dios conceder las dos peticiones? Pero como usted sabe, Dios no está comprometido a someterse a la voluntad de los hombres. Él promete responder las ora-

[1] La versión Reina-Valera-1960 traduce el pasaje en mención de la siguiente manera: "En cuanto a la pasada manera de vivir, despojaos del *viejo hombre* que está viciado... renovaos en el espíritu de vuestra mente, y vestíos del *nuevo hombre*." (Nota del Traductor)

ciones del nuevo hombre [o la nueva mujer], pero no promete alimentar la rebeldía del viejo individuo que sigue firme en el propósito de hacer su propia voluntad. En el caso de las guerras, recuerde que la historia se define como la presencia de Dios entre los hombres.

En consecuencia, al orar por algo preguntémonos primero: *¿Estoy orando por esto porque yo lo quiero o porque Dios lo quiere?* Eso hace una enorme diferencia. Si es porque yo lo quiero, mis oraciones no serán contestadas; pero si es porque Dios lo desea, tendrán la respuesta adecuada.

La gente ora a Dios por ciertas cosas como por sanidad o por necesidades financieras. Aún en casos como estos en los cuales pensamos que de seguro concuerdan con la voluntad de Dios, debemos todavía preguntarnos: *¿Estoy orando por sanidad porque quiero ser sanado o porque Dios quiere que sea sanado?* *¿Oro por prosperidad financiera porque es lo que yo quiero o porque es lo que Dios quiere?* Definirlo afecta todo el enfoque del asunto.

Recuerdo que hace algunos años una mujer me pidió que orara por su hijo que estaba hospitalizado. Tenía doce años y le habían diagnosticado una enfermedad incurable. Yo estaba perfectamente listo para orar con ella, pero realmente sin pensarlo le pregunté: "¿Ha entregado usted su hijo al Señor?"

Cuando le hice esa sencilla pregunta ella se puso histérica. Pensó que yo le estaba diciendo que su hijo iba a morir. Pero yo no tenía tal cosa en mente. Sencillamente quise señalar que mientras ella orara para satisfacer su propia voluntad, la voluntad de Dios realmente no podía ocurrir. Al mantener su mano sobre su hijo, la mano de Dios no podía tocar a su hijo. Mientras nos esforzamos por hacer nuestra voluntad no dejamos espacio para la voluntad de Dios.

Permítame sugerirle que mantenga tres cosas en mente cuando piense en renunciar a su propia voluntad y acoger la de Dios. La primera es que Dios lo ama más de lo que usted se ama a sí mismo. La segunda es que Dios lo entiende mejor de lo que usted mismo se entiende. Y en tercer lugar, Dios desea solamente lo mejor para usted. Cuando realmente se someta a la voluntad divina descubrirá que es como la Biblia dice: *"la voluntad de Dios es agradable y perfecta"* (Romanos 12: 2).

La sumisión reverente entiende que la oración no es una forma de lograr que Dios haga lo que queremos. Cuando decimos: "Hágase tu voluntad" nos convertimos en instrumentos para que Dios haga lo que *él* quiere.

Considere lo que Pablo dijo en Efesios 3: 20: *"Dios es poderoso para hacer todas las cosas mucho más abundantemente de lo que pedimos o entendemos, según el poder que actúa en nosotros."* Otra traducción dice: "Al que puede hacer muchísimo más que todo lo que podamos imaginarnos o pedir, por el poder que obra eficazmente en nosotros" (NVI).

La capacidad de Dios para responder nuestras oraciones es súper abundante y va más allá de todo lo que podemos pedir o imaginar. Quizá usted se pregunte: "¿Cómo es posible? ¿Qué podría superar lo que yo puedo pedir, imaginar o razonar?" La respuesta es: cualquier cosa que Dios quiera hacer.

Lo que Dios desea hacer es mucho más grande, más elevado y muchísimo mejor que cualquier cosa que usted o yo podamos imaginar o pensar con nuestra inteligencia. En la medida en que lo limitamos para que haga solamente lo que queremos, nos perdemos lo que Dios quiere hacer con nuestras vidas. En consecuencia, para recibir lo mejor de Dios cuando oramos tenemos que acudir a él de la manera que Jesús lo hizo delante de su Padre: con sumisión reverente. Tenemos que decirle así: "Señor, no como yo quiero sino como tú. Señor Dios, no estoy orando para ser sanado solamente porque es mi deseo sino porque tú también quieres que yo sea sanado."

Recuerdo cuando estuve enfermo en la cama de un hospital durante un año y los médicos fueron incapaces de sanarme. No salí de allí hasta que aprendí la lección de que Dios me sanaría porque me quería sano, no porque yo lo quería. ¿Puede usted recordar esa lección?

Cuando usted ore con sumisión reverente por la voluntad de Dios se va a elevar mucho más cerca de él que si trata de imponer su propia voluntad.

2. Tenga fe

En el libro de Hebreos se nos dice que existe una condición fundamental e invariable para todos los que se acercan a Dios: "Sin fe es imposible agradar a Dios, ya que cualquiera que se acerca a Dios tiene que creer que él existe y que recompensa a quienes lo buscan" (Hebreos 11: 6, NVI).

La fe es un requisito esencial para acercarse a Dios y ser aceptado por él. Cualquiera que acuda a él tiene que creer. Además se nos demanda que creamos dos cosas: que él existe y que recompensa a quienes lo buscan de todo corazón.

La mayoría de la gente no tiene problema en creer que Dios existe. Cumpliríamos el requisito de la fe si eso fuera todo. Pero no lo es. También se nos pide que creamos que él recompensa a quienes con todo el corazón lo buscan.

¿Lo cree usted? "Bueno, procuro creerlo –me dirá usted–, pero no lo estoy entendiendo muy bien. Yo no sé mucho de doctrina bíblica o de teología."

Si ese es su problema le tengo buenas noticias. La fe de este tipo no se ocupa en principio de la doctrina o la teología. Más bien se ocupa de la relación suya con Dios. Ella involucra confianza en Dios como "Persona." Esta es una relación de confianza en su carácter y en su fiabilidad. De hecho, olvídese de la teología cuando se acerque a Dios con fe.

Esa es una de las razones por las cuales este libro empieza discutiendo la importancia de tener una imagen correcta de Dios porque eso es lo que genera la fe. Creemos en la bondad de Dios, en su fidelidad y en su fiabilidad. Eso nos ayuda también a comprender por qué la Biblia enseña que la incredulidad es pecado. Ella pone en entredicho el carácter de Dios y produce una imagen de él que es falsa y carente de atractivo.

Este requisito de la fe es universal para cualquier forma de acercamiento a Dios, pero se aplica particularmente a la oración. Mire por ejemplo lo que dice Mateo 21: 22: "*Y todo lo que pidiereis en oración, creyendo, lo recibiréis.*" La palabra clave aquí es *creyendo*. Además en 1ª de Juan 5: 14, leemos: "*Y esta es la confianza que tenemos en él, que si pedimos alguna cosa conforme a su voluntad, él nos oye.*" Si tenemos confianza en Dios como persona, en su bondad y en su carácter, entonces podemos creer que nos oye y nos responde.

¿Cómo podemos adquirir la clase de fe que nos acerca a Dios con confianza? ¡Pidiéndosela!

Gracias sean dadas a Dios porque el Nuevo Testamento no solamente nos dice que debemos tener fe sino que también nos muestra cómo adquirirla. Encontramos en Romanos 10: 17: *"La fe viene por el oír, y el oír por la palabra de Dios."*

Este es un versículo clave para tener una vida de verdadera oración. En efecto, fue el versículo que me sacó del hospital tras un año largo de enfermedad. Realmente le debo mi salud, mi larga vida y mi fortaleza a las lecciones acerca de la fe que contiene este versículo.

Cuando me sometí a Dios supe que su voluntad era restaurar mi salud. Mientras yacía allí en mi lecho me di cuenta de que si tenía fe Dios me sanaría. Pero cada vez que llegaba a tal conclusión, mi siguiente pensamiento era: *No tengo fe.*

Entonces un día el Espíritu Santo dirigió mi atención a la Carta de Pablo a los Romanos 10: 17: *"Así que la fe viene por el oír, y el oír, por la palabra de Dios."* Y me detuve en estas dos palabras: *fe* y *viene*. Si usted no la tiene, ¡la puede adquirir pidiéndosela!

¿Y cómo viene la fe? Por el oír. La fe llega escuchando a Dios. La oración no es solamente hablarle a Dios; es conversar *con* él en una comunicación de doble vía. Es sostener una conversación íntima y personal con Dios –en la cual las dos personas hablan– pero lo que Dios tiene para decirnos es mucho más importante que lo que nosotros le decimos.

El Señor me llevó a los Proverbios 4: 20 – 22, los cuales tomé como "el frasco del remedio de Dios para mi falta de fe." Me hice el propósito de tomar la Palabra de Dios *como mi medicina tres veces al día* junto con mis comidas. Después de cada comida me aislaba un poco, abría mi Biblia, y decía: "Señor, tu Palabra me dice que estas palabras tuyas son medicina para mi cuerpo. Las tomo ahora como mi medicina en el nombre de Jesús." Hice esto en aquel clima insalubre de Sudán, y la Palabra de Dios me trajo salud perfecta y permanente.

Jesús nos dijo que el Padre celestial ya sabe lo que necesitamos antes de pedirle (ver Mateo 6: 8). Cuando acudimos a Dios para contarle lo que necesitamos, no le estamos diciendo algo que él no sepa ya. Orar es adoptar una actitud y una nueva relación con Dios mediante la cual recibimos lo que necesitamos cuando le pedimos. Ese tipo de fe viene por oír lo que Dios tiene que decirnos.

En la Biblia leemos que Dios apareció en sueños una noche a Salomón, el hijo de David, y le dijo: "Pide lo que quieras que yo te dé." Y Salomón respondió sabiamente diciendo: "Da a tu siervo un corazón entendido." Otra versión dice: "Yo te ruego que le des a tu siervo discernimiento." Esa es la traducción literal al idioma Español, pero el original hebreo realmente dice: "un corazón que oye." No hay nada más precioso que un corazón que oye a Dios (ver 1º de Reyes 3 – 4).

Una cosa que lo ayudará a estar en sintonía para escuchar a Dios es orar con la Biblia abierta. En efecto, le sugiero que nunca empiece un tiempo de oración sin leer primero su Biblia. ¿Cuál es la razón? Primero, porque Dios habla básicamente a través de su Palabra escrita.

Si quiere oír a Dios, esa es la manera en que lo escuchará la mayoría de las veces. Segundo, porque cualquier cosa que no esté de acuerdo con la Biblia no es de Dios. A veces hay voces engañosas que se presentan como si fuera la voz divina pero no lo son.

El apóstol Juan en su primera epístola lo explica así:

"Y esta es la confianza que tenemos en él, que si pedimos alguna cosa conforme a su voluntad, él nos oye. Y si sabemos que él nos oye en cualquier cosa que pidamos, sabemos que tenemos las peticiones que le hayamos hecho."

1ª de Juan 5: 14 – 15

El fundamento de la oración exitosa es el conocimiento de que estamos orando de acuerdo a la voluntad de Dios, y esa voluntad se revela básicamente en la Biblia. Por consiguiente, cuando oímos lo que Dios tiene que decir, crece la fe en que nuestras peticiones serán respondidas.

3. Ore en el nombre de Jesús

La siguiente condición para que la oración tenga respuesta es bien sencilla: debemos orar en el nombre de Jesús. Miremos sólo un ejemplo. Note que estos dos versículos muestran que nuestra relación con Dios, *en el nombre de Jesús*, opera en los dos sentidos: cuando le pedimos y cuando él nos da lo que le pedimos. *"De cierto, de cierto os digo, que todo cuanto pidiereis al Padre en mi nombre, os lo dará. Hasta ahora nada habéis pedido en mi nombre; pedid, y recibiréis, para que vuestro gozo sea cumplido"* (Juan 16: 23 – 24).

¿Qué implica orar en el nombre de Jesús? Pienso que implica tres cosas:

Primero, cuando oramos en el nombre de Jesús acudimos a Dios sobre la base de lo que Jesús hizo a nuestro favor. La primera carta de Pedro 3: 18, dice: *"Porque también Cristo padeció una sola vez por los pecados, el justo por los injustos, para llevarnos a Dios."* Jesús pagó la condena de nuestro pecado cuando murió en nuestro lugar. También tomó sobre sí nuestra culpa y nuestra condenación, lo que allanó el camino para que nos acercáramos a Dios sin sentimientos de culpa o de vergüenza. Ahora tenemos el derecho del libre acceso a Dios.

En Efesios 2: 13, Pablo dice: *"Pero ahora en Cristo Jesús, vosotros que en otro tiempo estabais lejos, habéis sido hechos cercanos por la sangre de Cristo."* La sangre de Cristo es la evidencia visible y eterna del sacrificio que Jesús hizo a nuestro favor. Cuando acudimos a Dios, *en el nombre de Jesús,* lo hacemos por los méritos de la sangre que él derramó por nosotros.

En el capítulo 7 discutiremos en mayor detalle el tópico de la sangre de Cristo. Permítame aquí referirme tan sólo a Hebreos 12, que dice lo siguiente acerca de los cielos: "Os habéis acercado… a la ciudad del Dios vivo, Jerusalén la celestial… y a Jesús el mediador del nuevo pacto, y a la sangre rociada que habla mejor que la de Abel" (versículos 22, 24).

Este pasaje nos ofrece una hermosa comparación basada en un acontecimiento del Antiguo Testamento. Usted recordará la historia en Génesis en la que Caín asesina a su hermano Abel. Dios le dijo a Caín: "¿Qué has hecho?" Y cuando Caín presumió ignorancia e inocencia, Dios le dijo: "La sangre de tu hermano clama a mí desde la tierra" (ver Génesis 4).

Aquí el escritor de Hebreos dice que la sangre de Jesús es rociada en los cielos a nuestro favor, y que habla mejor que la sangre de Abel. En otras palabras la sangre de Jesús habla de reconciliación, misericordia, perdón y expiación.

Cuando se me hace difícil orar, uno de mis mayores consuelos es que aunque yo no sepa qué decir, la sangre de Jesús en los cielos habla siempre a mi favor. Esa es parte de la implicación cuando oro en el nombre de Jesús y reconozco que me acerco a Dios sobre la base de lo que Jesús hizo por mí.

La segunda verdad implícita cuando oramos en el nombre de Jesús es que lo hacemos sobre la base de lo que él es, no de lo que somos nosotros.

El escritor de Hebreos dice que nos presentamos ante el Padre con Jesús como nuestro gran Sumo Sacerdote:

> *Así que hermanos, teniendo libertad para entrar en el Lugar Santísimo por la sangre de Jesucristo... y teniendo un gran sacerdote sobre la casa de Dios, acerquémonos con corazón sincero, en plena certidumbre de fe, purificados los corazones de mala conciencia y lavados los cuerpos con agua pura.*
>
> Hebreos 10: 19, 21 – 22

Además Juan Escribió: *"Hijitos míos, estas cosas os escribo para que no pequéis; y si alguno hubiere pecado abogado tenemos para con el Padre, a Jesucristo el justo".*

(1ª de Juan 2: 1). La palabra traducida como "abogado" significa literalmente "alguien que va a nuestro lado para ayudarnos y para defender nuestra causa."

Entonces, cuando acudimos *en el nombre de Jesús* vamos con él como nuestro Sumo Sacerdote y Abogado. Como Sumo Sacerdote presenta nuestras oraciones a Dios en nuestro nombre, y al ser presentadas por Jesús sabemos que Dios las recibe. Como Abogado habla a Dios directamente en nuestro favor. Él puede abogar por nuestro caso mejor de lo que nosotros pudiéramos hacerlo. Cuando cometemos pecados no es necesario mantenernos alejados de Dios con un sentimiento de vergüenza; podemos acercarnos a él con libertad por Jesús.

El tercer aspecto implícito al orar en nombre de Jesús es que reconocemos la relación que tenemos con Dios a través de él.

Mire lo que Pablo escribió:

> *Bendito sea el Dios y Padre de nuestro Señor Je-sucristo, que nos bendijo con toda bendición es-piritual en los lugares celestiales en Cristo, se-gún nos escogió en él antes de la fundación del mundo, para que fuésemos santos y sin mancha delante de él, en amor habiéndonos predestinado para ser adoptados hijos suyos por medio de Jesu-cristo, según el puro afecto de su voluntad, para alabanza de la gloria de su gracia, con la cual nos hizo aceptos en el Amado.*
>
> Efesios 1: 3 – 6

Dios tenía un propósito eterno en su mente y en su corazón aún antes de los comienzos del tiempo o de que ocurriera la creación. Ya Dios nos conocía y había determinado que a través de Jesucristo nos adoptaría en su familia como sus hijos. Todo esto se realizó en el tiempo y en la historia humana cuando Jesús vino y murió por nosotros.

Note la traducción de la Biblia Reina-Valera: "para alabanza de la gloria de su gracia, con la cual nos hizo aceptos en el Amado." Me encanta la frase que dice que *nos hizo aceptos en el Amado*. Eso es lo que somos: Cuando acudimos a Dios, somos aceptados como sus hijos en su Amado Hijo Jesucristo. No por lo que somos sino por lo que Jesús es.

Uno de los más grandes problemas físicos y emocionales de nuestra cultura contemporánea es el del rechazo. Muchas personas van por la vida sintiéndose rechazadas o indeseadas, por la actitud negativa de sus padres, o tal vez de un esposo o esposa amargada. Probablemente no hay nada que cause una herida mayor que el rechazo. Pero el primer paso para sanar esa herida es darnos cuenta de que cuando vamos a Dios a través de Jesús, no somos rechazados. Dios jamás rechaza a sus hijos. Somos aceptados en el Amado, y eso hace toda la diferencia al acercarnos a él.

Acudir a Dios *a través de Jesús* como nuestro fundamento, pone a nuestro alcance con otros beneficios maravillosos. Lo primero: "El que no escatimó ni a su propio Hijo, sino que lo entregó por todos nosotros, ¿cómo no nos dará también todas las cosas?" (Romanos 8: 32). ¿No es esa una frase maravillosa? Al darnos al Señor Jesús, Dios nos da gratuitamente todas las cosas. Pero note que todo depende de estar *con él*. Cuando estamos con Jesús tenemos derecho a todo lo que él nos ha revelado como hijos de Dios. Sin él no podemos pretender nada.

Luego viene esta promesa: "Mi Dios, pues, suplirá todo lo que os falta conforme a sus riquezas en gloria en Cristo Jesús" (Filipenses 4: 19). Esto significa que ninguna necesidad nuestra se quedará sin suplir; la provisión viene de las riquezas de Dios. Él es el dueño de todo lo que existe. Yo creo que Dios es suficientemente rico para satisfacer las necesidades de todos sus hijos, pero esta provisión está en Cristo Jesús.

4. Acérquese a Dios con atrevimiento

La siguiente condición para acercarnos a Dios en oración y lograr respuestas adecuadas es hacerlo con atrevimiento y audacia. Hay dos maneras de decirlo: positivamente, equivale a hacerlo con confianza. Negativamente es hacerlo sin condenación. El sentimiento de condenación siempre socava la confianza. Miremos ambos aspectos en detalle.

Con confianza

En dos apartes de la carta a los Hebreos se nos dice por qué debemos acercarnos a Dios con confianza. Este es el primero: "Acerquémonos, pues, confiadamente al trono de la gracia, para alcanzar misericordia y hallar gracia para el oportuno socorro" (Hebreos 4: 16).

Oramos a alguien que está sentado en un trono. Un trono es algo propio de un rey, y éste no es solamente *un* rey sino *el* Rey. El Rey de todos los reyes, el Señor de todos los señores, el Supremo Gobernante del universo. Aquel que dijo: *"Toda potestad me es dada en el cielo y en la tierra"* (Mateo 28: 18). Oramos a alguien que tiene tanto la autoridad como el poder para hacer lo que le pedimos. Levantemos la mirada desde nuestra condición de necesidad y presentémosle al Señor Jesús nuestras necesidades y problemas, y miremos hacia ese trono glorioso donde él está sentado.

Es este un trono de gracia. *Gracia* es una de las palabras claves en el Nuevo Testamento. Siempre expresa algo muy superior a cualquier cosa que podamos ganar o lograr por nuestros propios esfuerzos. Y por cuanto es *un trono de gracia,* no estamos limitados a lo que merecemos, o a lo que podemos lograr, o a lo que nuestros esfuerzos pueden reportarnos.

Algo de lo que siempre he estado consciente en mi vida cristiana es que vivo necesitado de la misericordia de Dios. Esta parte de la Escritura me anima a creer que si alguna vez acudo por misericordia, eso es lo que voy a recibir. Pienso que la razón por la cual la gente no recibe misericordia es sencillamente porque nunca han visto que la necesitan y que deben acercarse con fe para recibirla.

Y luego, debemos acudir por ayuda en tiempo de necesidad. No debemos mirar las circunstancias, ni decir: "Bueno, la situación es tan grave y los problemas tan grandes, que no hay nada que hacer al respecto." Es precisamente en tiempo de necesidad cuando tenemos grandes problemas que Dios nos invita a acudir a él.

Miremos otra vez esta hermosa porción escritural de la carta a los Hebreos que nos anima a acudir a Dios con confianza: "Así que hermanos, teniendo libertad para entrar en el Lugar Santísimo por la sangre de Jesucristo...

acerquémonos con corazón sincero, en plena certidumbre de fe" (Hebreos 10: 19, 22).

Confianza. Plena certidumbre. Todo sugiere osadía y audacia basadas en el hecho de que la sangre de Jesús fue derramada y rociada en la presencia misma de Dios. La sangre habla ahora a nuestro favor aun cuando nosotros no sepamos cómo orar.

Usted notará que la frase es imperativa: "Acerquémonos", lo que indica dos aspectos: Primero, implica una decisión. Segundo, es una palabra en plural, lo que indica que la acción la realiza más de una persona. A veces necesitamos ir al Señor en grupo, en forma colectiva, no solamente como individuos sino como miembros de un cuerpo que ora unido junto con nosotros.

Sin condenación

El lado positivo de acercarnos a Dios con audacia es llegar con confianza, y el otro aspecto es que lo hacemos sin sentimientos de condenación. Varios textos de la Escritura hablan de la necesidad de estar libres de condenación.

Este es uno: *"Si en mi corazón hubiera yo mirado la iniquidad, el Señor no me habría escuchado"* (Salmo 66: 18). "Mirar la iniquidad en el corazón" significa que soy consciente de algo que me condena. Cada vez que procuramos acercarnos a Dios con fe, Satanás nos recuerda alguna falta específica, algo incorrecto que debemos arreglar con Dios. Puede ser un pecado que no ha sido confesado, y si lo hemos confesado, no hemos pedido y recibido el perdón de Dios. Si somos conscientes de esta falta sin perdonar no recibiremos aquello por lo cual oramos. Debemos remover la conciencia de pecado del interior de nuestro corazón y presentarnos con confianza delante de su trono (ver Hebreos 4: 16).

Básicamente esto se hace por fe, porque "si confesamos nuestros pecados a Dios, él es fiel y justo para perdonarnos y limpiarnos de toda maldad" (1ª de Juan 1: 9). Una vez que nos confesamos, nos arrepentimos y confiamos en Dios que nos limpia tal como lo ha prometido, ya no tenemos que preocuparnos por ellos. Si no lo hacemos, permanece en nosotros una "conciencia de pecado" que nos impide recibir lo que pedimos cuando oramos. Si en mi corazón hubiera yo mirado la iniquidad, el Señor no me habría oído. Pero, ¿sabe que sigue diciendo el salmista? "El Señor me oyó." En otras palabras, superó el intento de Satanás por condenarme.

Juan expresó la misma idea: "Amados, si nuestro corazón no nos reprende, confianza tenemos en Dios; y cualquiera cosa que pidiéremos la recibiremos de él, porque guardamos sus mandamientos, y hacemos las cosas que son agradables delante de él" (1ª de Juan 3: 21 – 22). Debemos desechar cualquier actitud que sugiera algún tipo de justicia en nosotros. No tenemos justicia propia. Tenemos que llegar a un punto en que confiamos en la fidelidad de Dios, y eso produce confianza.

Otra vez en Romanos 8: 1, Pablo dijo: *"Ahora pues, ninguna condenación hay para los que están en Cristo Jesús."* En el resto del capítulo pintó el cuadro más glorioso de todas las bendiciones, privilegios y beneficios de la vida que está llena y controlada por el Espíritu Santo. Logramos acceso a tal capítulo y tal tipo de vida cuando hacemos a un lado el sentimiento de condenación.

Yo pienso que el problema de la mayoría de los cristianos es que no saben si son justificados o no. Esa es la verdad. Si fui justificado por fe en Jesucristo, fui hecho justo con la justicia de Dios. Y si sé tal verdad, me aferro a ella y vivo de acuerdo con ella, ningún juicio por causa de la iniquidad me puede tocar.

Ahora bien, eso no significa que el cristiano esté exento de problemas en este mundo: seremos perseguidos por causa de la justicia. La Biblia dice que los justos en Cristo Jesús sufrirán persecución. Pero existe una diferencia básica y vital entre la persecución por causa de la justicia y el juicio por la maldad. La persecución por causa de la justicia llega a los justos de parte de los impíos. El juicio por la maldad viene de Dios que es justo, sobre los malos.

Todos somos llamados a sufrir persecución. Pero ningún creyente debe sufrir el juicio de Dios que es para los injustos. Si en realidad usted lo entiende, respirará aliviado. Pero como dije antes, la mayoría de los cristianos no saben realmente dónde están parados.

En Lucas 21: 36 Jesús se refirió al fin de esta era, y hablando a sus discípulos, justo al final del mensaje, dijo: *"Velad, pues, en todo tiempo orando que seáis tenidos por dignos de escapar de todas estas cosas que vendrán, y de estar en pie delante del Hijo del Hombre."* El mismo Señor dijo que era voluntad de Dios que sus discípulos escaparan de los juicios divinos que vendrían sobre la tierra. Eso concuerda con toda la enseñanza de las Escrituras. Pero él les dijo: "Es mejor que velen y oren; de otro modo no calificarán para el escape."

También les dijo: Velen y oren para que sean tenidos por dignos." ¿Era usted digno de ser salvo? No; usted fue salvo por *gracia*. No tenía méritos; no podía merecer la salvación. Pero cuando fue salvado se le demandó que viviera una vida de justicia de modo que sería injusto de parte de Dios juzgarlo con los perversos. Esa es la vida cristiana.

Al final de esta era tenga cuidado de que las líneas divisorias no se hagan borrosas porque podría estar en el lado equivocado. Como veremos en el capítulo 9, cuando en oración conocemos el propósito de Dios para la Iglesia hay un vacío que se hace más y más ancho entre lo justo y lo injusto; lo obsceno y lo santo. La injusticia y la obscenidad empeorarán, y lo justo y lo santo mejorará (ver Apocalipsis 22: 11). Es mejor que usted conozca en compañía de quién anda.

Debe llegar un momento en que, desechando todo intento de justificación propia, digamos: "Recibo por fe la justicia de Jesucristo imputada a mi favor por fe en él de acuerdo a la Palabra de Dios. No me preocuparé por mis méritos ni por mis pecados. No haré alarde de mis buenas acciones ni me avergonzaré por las malas. Dejaré de examinar y analizar todo el tiempo mi propio corazón para ver si es suficientemente bueno. Confiaré en Dios y en que la sangre de Jesús me ha limpiado de todo pecado. Y ahora acudo confiado al trono de la gracia, directamente al lugar más santo."

Esa es una gloriosa forma de acceso a Dios.

El libro de Ester nos muestra un hermoso cuadro de lo que es entrar a la presencia de un rey. Este fue un tiempo de tremenda crisis personal y nacional. La vida de su pueblo estaba en peligro y ella no había sido invitada por el rey. Entonces tomó su vida en sus manos y decidió apelar a él. Después de orar durante tres días se vistió su atavío real y entró a la presencia del rey. Éste la recibió y le concedió su petición. Note que ella entró como reina, no como una pordiosera. Así es como Cristo quiere que su Iglesia se acerque a él, como una reina creyendo que será recibida por causa de la gracia y la justicia divinas.

5. Ore con la motivación correcta

La siguiente condición para que la oración sea contestada es orar con la motivación correcta.

Las personas religiosas, como los fariseos y los que rezan oraciones repetitivas, tienen la tendencia a enfocarse en lo externo. Les preocupa la forma en que la gente se viste, la manera en que se divierte, las cosas que come, etc. Para las personas religiosas que miran primero lo externo y luego lo interno es difícil entender que Dios comienza obrando con lo interior y luego con lo externo.

Cuando Dios envió al profeta Samuel a la casa de Isaí para que ungiera a uno de sus hijos como futuro rey de Israel, éste le presentó siete hijos, todos ellos jóvenes, cabales y de buena presencia. Samuel los miró uno por uno y cada vez, frente a cada uno, pensaba: *Éste tiene que ser.* Pero cada vez el Señor le dijo: *No, no es este.* Entonces Samuel entendió: *"El Señor no mira lo que mira el hombre; pues el hombre mira lo que está delante de sus ojos, pero el Señor mira el corazón"* (1º de Samuel 16: 7).

Dios escudriña los pensamientos e intenciones de nuestro corazón y discierne nuestros motivos. Le interesa no solamente lo que le pedimos cuando oramos sino también nuestros motivos: por qué lo pedimos. Este versículo de Santiago lo explica mejor: *"No tienen porque no piden. Y cuando piden, no reciben porque piden con malas intenciones, para satisfacer sus propias pasiones"* (Santiago 4: 2 – 3, NVI).

Una sencilla razón por la cual no tenemos las cosas que Dios quiere que poseamos es porque no pedimos correctamente. Pero si pedimos y aún así no recibimos, podría ser que estamos orando con una motivación equivocada. En este caso particular, el motivo que Santiago menciona como incorrecto es el deseo de gastar en los propios placeres. En otras palabras, si nuestras oraciones son egoístas, centradas en nosotros mismos, nuestros motivos son incorrectos. Sencillamente procuramos conseguir algo para nuestra comodidad y satisfacción personal.

Así que, preguntamos: ¿Cuál es la motivación correcta al orar? Jesús lo dijo con claridad: *"Y todo lo que pidiereis al Padre en mi nombre, lo haré, para que el Padre sea glorificado en el Hijo"* (Juan 14: 13).

La promesa que Jesús hizo es amplia: "Todo lo que pidamos al Padre en su nombre, él lo hará. Pero la razón por la cual lo hará es "para que el Padre sea glorificado en el Hijo." El motivo correcto al orar es que la respuesta dé gloria a Dios. En realidad esta es la correcta motivación para todo lo que hacemos. La vida justa basada en la fe, da gloria a Dios.

También podemos mirar este asunto desde el lado contrario. ¿Cuál es la esencia del pecado? No es necesariamente robar un banco, o cometer adulterio, o hacer algo terrible según el criterio de la gente religiosa. La esencia del pecado es la decisión de no vivir para glorificar a Dios, negándole la gloria que justamente le debemos.

En su carta a los Romanos Pablo describe cómo toda la raza humana se apartó de Dios y descendió a una vida de ignorancia y de maldad: *"A pesar de haber conocido a Dios no lo glorificaron como a Dios ni le dieron gracias sino que se extraviaron en sus inútiles razonamientos y se les oscureció su insensato corazón"* (Romanos 1: 21, NVI).

¿Cuáles son los dos primeros pasos? El primero es no glorificar a Dios. El segundo es no ser agradecidos. Cualquiera que da esos dos primeros pasos hacia abajo entra en una senda descendente que lo lleva a una situación cuyo fin es demasiado horrible para pensar en él. Debemos tener cuidado y orar para no cometer esos errores. Dios quiere que cada uno de nosotros sea libre de la negativa atracción del pecado y restaurado para vivir con el motivo y el propósito correctos. Cuando acudimos a Dios y oramos con esa motivación –que sea glorificado con la respuesta a la oración que se hace en el nombre de su Hijo Jesucristo– entonces nos dice algo maravilloso: que todas sus promesas están a nuestra disposición porque "todas las promesas que ha hecho Dios son "sí" en Cristo. Así que por medio de Cristo respondemos "amén" para la gloria de Dios" (2ª de Corintios 1: 20, NVI).

¿No es asombroso? Cada promesa que es pertinente a mi situación y que satisface mis necesidades es mía ahora si la reclamo en el nombre de Jesús y para la gloria de Dios. No importa cuántas promesas haya hecho

Dios –y he oído decir que se estiman en unas ocho mil en la Escritura–, todas son "Sí" en Cristo.

La respuesta de fe es que al "Sí" de Dios, nosotros decimos "Amén, para la gloria suya." Es nuestro "Amén" el que se aferra al "Sí" de Dios y hace nuestra la promesa.

6. Perdone a quienes lo hayan herido

Una de las cosas que Jesús nos enseñó en el Sermón del Monte –y supongo que todos lo sabemos– fue a decir: *"Perdónanos nuestras deudas [nuestras ofensas], como también nosotros perdonamos a nuestros deudores [a quienes nos han ofendido]"* (Mateo 6: 12). Perdónanos, como nosotros perdonamos a otros. De lo que quizá no nos damos cuenta es que esta es una condición importante para recibir respuesta a nuestra oración.

En la consejería, y en el trato con la gente en general, he descubierto que no perdonar es uno de los motivos más comunes de bloqueo y frustración en la vida espiritual que estorba la respuesta a la oración. Generalmente hay involucrada una persona específica. Hablaba yo una vez con alguien que había buscado mi ayuda y le pregunté: "¿Hay alguien a quien usted no ha perdonado?" "Sí" –me dijo, y mencionó a un distinguido personaje del departamento del poder judicial de los Estados Unidos. Entonces le dije: "Si usted quiere liberación tendrá que perdonarlo. No tiene alternativa. Si no lo perdona, Dios no la perdona a usted." La norma es, perdónanos como nosotros perdonamos a los demás.

En cuanto a pedir el perdón de Dios, Jesús nos ha limitado solamente en la proporción en que perdonamos a otros. ¿Está usted dispuesto a perdonar?

Recuérdelo, mi amigo: el perdón no es una emoción sino una decisión. Yo lo llamo borrar el "TMD" (Tú Me Debes). Suponga que alguien le debe tres mil dólares. Bien, pues borre ese TMD porque quizá su deuda con Dios (figurativamente) puede ser de seis millones de dólares. ¿Quiere que él borre su TMD? Pues borre usted el de su deudor y Dios borrará el suyo. Esa es la inmutable ley divina. Usted no puede cambiar a Dios. Él exige que perdonemos si queremos ser perdonados.

En la oración del "Padrenuestro", la última petición es pidiendo liberación de la tentación de Satanás. "Líbranos del maligno" (Mateo 6: 13, NVI), es la traducción correcta. Usted y yo no tenemos derecho a orar por liberación hasta cuando hayamos perdonado a los demás, tal como deseamos que Dios nos perdone.

Jesús también dijo: "Y cuando estéis orando, perdonad si tenéis algo contra alguno" (Marcos 11: 25). Ahora bien, eso no excluye nada ni a nadie. Cuando ore, perdone "para que también vuestro Padre que está en los cielos os perdone a vosotros vuestras ofensas" (versículos 25 – 26). Esto es totalmente claro y se ha dicho a los cristianos, a quienes tienen a Dios como su Padre celestial. Antes de que usted y yo oremos, tenemos que perdonar. No nos producirá ningún beneficio tratar de acercarnos a Dios en oración con corazones cargados por no perdonar alguna persona o alguna ofensa.

7. Permita que el Espíritu Santo lo dirija

Las últimas dos condiciones –ser dirigido por el Espíritu Santo y pedir conforme a la Palabra de Dios– nos ayudan a entender cómo orar de acuerdo a la voluntad de Dios. Veremos que el poder del Espíritu obra a través de nuestras oraciones solamente en la medida en que estén en línea con la Palabra de Dios.

Empecemos con este versículo: "Porque todos los que son guiados por el Espíritu de Dios, éstos son hijos de Dios" (Romanos 8: 14).

En el original del idioma griego, el tiempo verbal en esta frase es un presente continuo. Los que son guiados *continuamente* por el Espíritu, los tales son hijos de Dios. ¿Vive usted diariamente en este mundo como un hijo o hija de Dios? Eso ocurre cuando somos guiados *continuamente* por el Espíritu Santo.

Posteriormente en Romanos 8 el apóstol Pablo aplica esta verdad de la guía del Espíritu Santo en la vida cristiana, específicamente a la oración.

Y de igual manera el Espíritu nos ayuda en nuestra debilidad; pues qué hemos de pedir como conviene, no lo sabemos, pero el Espíritu mismo intercede por nosotros con gemidos indecibles. Mas el que escudriña los corazones sabe cuál es la intención del Espíritu, porque conforme a la voluntad de Dios intercede por los santos.
(Versículos 26 – 27).

Pablo dijo que el Espíritu viene para ayudarnos en nuestras flaquezas y debilidades, y que todos tenemos cierta debilidad particular. No es una enfermedad física ni un achaque. Es parte de nuestra naturaleza carnal. ¿Cuál es esa debilidad? No sabemos orar como debemos, o para decirlo de otra manera, no siempre sabemos por qué debemos orar, y aún si lo hacemos, muchas veces lo que no se sabe es cómo orar por ello. Quizá usted sepa que sus hijos necesitan oración, o sepa que las necesidades de sus amigos requieren que ore por ellos, pero aún así no sabe cómo orar.

¿Cuál es la solución de Dios? El Espíritu Santo viene en su ayuda en esta flaqueza. ¿Cómo? Asumiendo control de la situación y actuando a través de usted conforme a la voluntad de Dios. De modo que cuando no sabemos cómo orar de acuerdo con la mente de Dios, cuando enfrentamos una necesidad y no tenemos idea cómo orar por ella, ¿qué hacemos? Acudimos al Espíritu y le decimos: "Espíritu Santo, toma control de la situación e intercede a través de mí.

Esta es una de las gloriosas bendiciones de ser realmente bautizado con el Espíritu Santo. Por eso creo que el bautismo con el Espíritu debe ser consumado por una expresión sobrenatural en la cual el Espíritu, y no el creyente, es el que habla. O mejor dicho, el Espíritu Santo da al creyente un lenguaje que no conoce. Cuando el creyente se somete de esa manera, el Espíritu mismo ora a través de él y por él con gemidos indecibles. Ora por los santos de acuerdo con la voluntad de Dios. Hace el tipo de oración que Dios quiere oír y responder.

Qué maravilloso es darnos cuenta de que cuando no sabemos cómo orar podemos acudir a Dios y permitirle a su Espíritu que entre en acción. Cuando él ora a través de nosotros en lenguas desconocidas oramos de la manera correcta. Sabemos lo que es una oración correcta porque el Espíritu Santo la está motivando, y él ora de acuerdo a la voluntad revelada de Dios. Él toma control de nuestros órganos vocales y de nuestra naturaleza interior y realiza una reunión de oración en nosotros. Esta es la gloriosa provisión divina para todo creyente en Cristo.

Recuerdo una vez cuando mi primera esposa Lydia y yo nos encontrábamos en Dinamarca, su país natal, a finales de Octubre. Planeábamos un viaje a Gran Bretaña para el mes de Noviembre. Una mañana que orábamos juntos, como lo hacíamos con frecuencia, Lydia pidió: "Señor, danos por favor un buen clima todo el tiempo que estemos en Gran Bretaña."

Yo quedé sorprendido por lo que ella había orado. Después le dije: "¿Sabes por qué has orado?" Movió la cabeza negativamente. Le dije: "Has orado porque Dios nos dé buen clima todo el tiempo que estemos en el Reino Unido." Ella ni siquiera recordó haber orado por ello. No fue algo que salió de su mente, fue una petición originada por el Espíritu.

Entonces le dije: "Tú sabes como es Gran Bretaña en Noviembre. Fría, húmeda, nublada, brumosa, definitivamente desagradable. Habíamos vivido allí lo suficiente para saber cómo es el clima en Noviembre.

¿Y sabe qué ocurrió? Fuimos, y todo el mes de Noviembre fue como primavera. Nunca vi un Noviembre como ese durante todos los años que viví allí. Cuando partimos el último día del mes les dije a mis amigos que habían acudido a despedirnos en el aeropuerto: "Tengan cuidado ahora porque el clima va a cambiar."

Recordemos que tenemos un limitado entendimiento, y que cuando hemos utilizado todos nuestros pobres recursos mentales buscamos la ayuda del Espíritu

Santo. Sus recursos son suficientes para nuestra necesidad. El texto favorito de mi primera esposa era: "Abre tu boca, y yo la llenaré" (Salmo 81: 10). Tan solo déle su boca al Espíritu Santo y permita que él la llene. Él anhela orar a través de usted.

La Biblia dice que debemos orar siempre sin cesar (ver 1ª de Tesalonicenses 5: 17; Efesios 6: 18). ¿Puede alguno de nosotros orar siempre sin cesar, por nuestras propias fuerzas y en nuestro propio entendimiento? Categóricamente, no. Pero cuando le permitimos al Espíritu Santo entrar y tomar el control, él realiza una reunión de oración 24 horas al día.

¿Sabe que usted puede orar mientras duerme? A muchas personas se las ha oído hablar en lenguas mientras dormían. En el libro de Cantares la novia dice: "Yo dormía, pero mi corazón velaba" (Cantares 5: 2). Esa es una de las bellezas de la Novia de Cristo: su corazón permanece despierto orando en el Espíritu mientras su mente y su cuerpo disfrutan de un sueño reparador. Usted puede pasar horas en oración y despertar en la mañana, fresco como una flor. Esto es orar en el nivel de la voluntad revelada de Dios. Es permitir que el Espíritu nos ayude en nuestras flaquezas; él puede tomar el control y orar de la manera que Dios quiere que oremos.

Como notamos anteriormente, Pablo dijo que Dios es poderoso para hacer todas las cosas de una manera mucho más abundante de lo que podemos imaginar, o pensar o pedir con nuestra mente natural. Cuando he enseñado las cosas más profundas que puedo pensar, cuando llego al límite de mi pensamiento y razonamiento natural respecto a lo que Dios puede y debe hacer, entonces le permito al Espíritu Santo que entre en escena y me lleve a un plano superior en oración. Y ese es el nivel de oración en el que todo hijo o hija de Dios tiene el derecho de vivir, de actuar y de desarrollar su existencia.

8. Pida de acuerdo con la Palabra de Dios

La última de las condiciones básicas para que la oración tenga respuesta es orar de acuerdo con la Palabra de Dios. Y esta tiene estrecha relación con la condición previa de ser dirigido por el Espíritu Santo. El asunto crucial dentro de la oración es el cumplimiento de la voluntad de Dios. Si oro de acuerdo a la voluntad de Dios, entonces, como ya lo hemos visto en la Escritura, sé que Dios me escucha; y si sé que él me escucha, sé que tengo la petición que le he demandado.

¿Cómo conozco la voluntad de Dios? ¿Dónde está revelada? La respuesta es: en su Palabra. La gran revelación de la voluntad de Dios se encuentra en su Palabra escrita. Y además, está llena de principio a fin con promesas divinas. El apóstol Pedro las llama "preciosas y grandísimas promesas" (2ª de Pedro 1: 4). ¿Y sabe usted que son esas promesas? *Las promesas de Dios son su voluntad.*

De ahí que cuando usted encuentra una promesa relacionada con su situación, y que satisface su necesidad, esa promesa es la voluntad de Dios para usted. Dios jamás prometió algo que no fuera su voluntad; sería una inconsistencia de su parte. Suponga que usted acude a Dios y le dice: "Señor, tú prometiste..." Él no le va a decir: "Sí, yo lo prometí, pero no deseo hacerlo." Esta última condición es, entonces, el gran secreto en nuestra vida de oración: Oramos de acuerdo a la voluntad de Dios tal como la revela su Palabra escrita.

Miremos dos ejemplos que ilustran lo anterior. El primero lo encontramos en el Antiguo Testamento; el segundo, en el Nuevo.

En el primer libro de Crónicas leemos de un incidente en la vida de David. En esta coyuntura David ya había establecido su reino. Había tenido victoria en todas sus batallas y disfrutaba de paz y abundancia. Mientras meditaba en todas estas cosas sentado en su hermosa residencia, le llegó este pensamiento: *He aquí yo habito en casa de cedro, y el arca del pacto del Señor debajo de cortinas* (ver 1º de Crónicas 17: 1).

De modo que le dijo al profeta Natán: "Voy a edificar una casa para el Arca del Señor."

Natán le respondió: "Es una magnífica idea; sigue adelante y hazla." Pero esa noche Dios le habló a Natán y le dijo: "Vé y dile a mi siervo David: "Tú no me edificarás casa en que habite; tu hijo lo hará. Pero, ¿sabes que voy a hacer por ti? Voy a edificar *tu* casa." ¿No es esto maravilloso? Eso es también un ejemplo de cómo hace Dios las cosas "mucho más abundantemente de lo que pedimos o entendemos."

David pensó en lo más grande que podía hacer para Dios, y Dios respondió con algo aún más grande. Usted entiende que en la Biblia la palabra *casa* no significa básicamente un edificio sino una familia, una descendencia. Dios le estaba prometiendo a David que su posteridad y su descendencia perdurarían, y también que uno de sus hijos se sentaría sobre el trono y reinaría eternamente sobre Israel y sobre todas las naciones.

Cuando recibió el mensaje "entró el rey David y se sentó delante del Señor" (1º de Crónicas 17: 16, NKJV). Me encanta ese cuadro de estar sentado delante del Señor. Yo no sé cómo se sentirá usted, pero si yo me arrodillo por un largo período generalmente me siento incómodo. No hay nada en la Biblia que nos diga que solamente podemos orar arrodillados. De hecho, en el Día de Pentecostés, cuando el Espíritu Santo cayó sobre los discípulos, ellos estaban sentados.

De modo que David vino y se relajó delante del Todopoderoso y dijo algo así como esto: "Dios, tú has sido tan bueno conmigo que quiero tomar un cierto tiempo para apreciarte y agradecerte tu bondad." Y luego David añadió: "Ahora, pues, Señor, la palabra que has hablado acerca de tu siervo y de su casa, sea firme para siempre, y *haz como has dicho*" (1º de Crónicas 17: 23, énfasis agregado).

Esas cuatro palabras contienen la esencia de la oración eficaz: *Haz como has dicho*. Señor, tú lo dijiste; hazlo, por favor. Si Dios dijo que haría algo, y usted le pide que lo haga, entonces usted sabe que lo hará. Sus promesas son la revelación de su voluntad.

¿Ve usted la belleza de esta oración? Que lo que tú has hablado, Señor, sea establecido. Yo no lo dije, Señor, ni lo pensé. Es algo muy por encima de lo que yo puedo pensar, o desear, o pedir. Pero, Señor, tú lo dijiste; por favor, hazlo.

Note también que David tenía la motivación correcta al orar. En el versículo 24, leemos: "Permanezca, pues, y sea engrandecido tu nombre." David no pidió ser glorificado sino que el nombre del Señor lo fuera. Este es

59

un modelo perfecto de oración. "Que lo que tú has hablado sea establecido. Haz así como has dicho para que tu nombre sea glorificado para siempre." Esta es la gran clave de la oración que obtiene respuesta. Si no sabemos lo que Dios ha prometido en su Palabra, ¿cómo podemos acudir a él y decirle: "Señor, lo prometiste, hazlo?" Debemos unir en nuestras oraciones la Palabra y el Espíritu porque al hacerlo toda la capacidad y el poder creativo del Todopoderoso Dios estarán a disposición nuestra.

Piense en ello: así fue como Dios hizo que el universo existiera. "Por la palabra del Señor fueron hechos los cielos, y todo el ejército de ellos por el aliento de su boca" (Salmo 33: 6). La Palabra y el Espíritu de Dios juntos le dieron existencia a toda la creación. Cuando usted y yo unimos el Espíritu y la Palabra, entonces Dios hace las cosas mucho más abundantemente de lo que pedimos o entendemos.

Aquí tenemos otro ejemplo del Nuevo Testamento. A veces yo le pregunto a la gente: "Fuera de los acontecimientos personales en la vida del Señor Jesús, ¿cuál consideraría usted como el milagro más grande que haya ocurrido alguna vez en la vida de un ser humano? He recibido toda una variedad de respuestas. Por ejemplo hay personas que dicen que fue la resurrección de Lázaro tras pasar cuatro días en la tumba. Yo no discutiría ninguna de las respuestas, pero mi sentir personal es que el más grande de los milagros ocurrido en la vida de una persona común y corriente fue la concepción del Hijo de Dios en el vientre de la virgen María.

¿Y cuándo ocurrió? Cuando ella pronunció una frase sencilla.

El ángel le dijo a María lo que había sido ordenado por Dios y luego le explicó que el poder del Espíritu Santo vendría sobre ella y le dijo: "Porque nada hay imposible para Dios" (Lucas 1: 37). En el margen de mi Biblia tengo una traducción alterna: "Ninguna palabra de Dios carece de poder." O también se podría traducir así: "Cada palabra de Dios contiene en sí misma el poder para darle cumplimiento."

María recibió la Palabra de Dios comunicada por el ángel. Y al recibirla también recibió el poder que le daría cumplimiento. Esta es su respuesta y el modelo de oración tal como aparece en la hermosa versión Reina-Valera Revisada: "He aquí la sierva del Señor; hágase conmigo conforme a tu palabra" (Lucas 1: 38). Y esas palabras precedieron el milagro más grande de la historia humana.

Usted y yo también podemos orar en este nivel. Si queremos las cosas grandes, las cosas "mucho más abundantes de lo que pedimos o entendemos," la clave es orar de acuerdo a la Palabra de Dios.

Estas dos oraciones de David y de María están íntimamente relacionadas con la venida del Señor Jesús. David fue el gran predecesor o antepasado del Señor, aquel a quien Dios le prometió que uno de sus hijos siempre estaría en el trono. La promesa se cumplió mediante el nacimiento de Jesús, concebido en el vientre de la virgen María. En cada caso la clave de la respuesta a la oración fue la misma: "Dios, tú lo dijiste; hazlo."

Usted nunca elevará una oración superior o más eficaz que cuando, guiado por el Espíritu Santo, va a la Palabra, encuentra la promesa relacionada con usted y su situación, y dice: "Señor, tú lo dijiste; hazlo." Si obra

3

LA ORACIÓN DEL REINO

SOBRE LA TIERRA

Si se humillare mi pueblo, sobre el cual
mi nombre es invocado, y oraren...
entonces yo oiré desde los cielos.
2º de Crónicas 7: 14

H asta aquí hemos establecido el fundamento de tres importantes verdades relacionadas entre sí. Primero aprendimos que Dios nos hizo un *Reino de sacerdotes*. Como tales, es nuestra responsabilidad ejercer dominio mediante la oración. La Biblia revela que este mundo no es gobernado realmente por presidentes, gobernadores y dictadores. Ellos sólo gobiernan en apariencia. Las personas que realmente gobiernan el mundo son las que saben cómo orar.

Segundo, aprendimos que para ser efectivos tenemos que cumplir con ciertas condiciones al acercarnos a Dios en oración para que nuestras oraciones obtengan respuestas.

Tercero, también aprendimos que una de esas condiciones es que el Espíritu y la Palabra de Dios obren siempre de acuerdo. El poder del Espíritu Santo obra a través de nuestras oraciones solamente en la medida en que estamos en línea con la Palabra de Dios. Eso significa que para orar con eficacia debemos saber lo que dice la Biblia.

Ahora tomemos lo que hemos aprendido hasta aquí y apliquémoslo a un ejemplo específico muy importante: Esto es lo que Pablo escribió a Timoteo:

> *Exhorto ante todo, a que se hagan rogativas, oraciones, peticiones y acciones de gracias, por todos los hombres; por los reyes y por todos los que están en eminencia, para que vivamos quieta y reposadamente en toda piedad y honestidad. Porque esto es bueno y agradable delante de Dios nuestro Salvador, el cual quiere que todos los hombres sean salvos y vengan al conocimiento de la verdad.*
> 1ª de Timoteo 2: 1 – 4.

Este es uno de los pasajes más lógicos que yo conozco en la Biblia. Devela una serie de pensamientos y nos da razones lógicas y llenas de sentido para lo que dice.

Pablo escribió esta carta a Timoteo para instruirlo en cuanto al orden y la disciplina de una congregación local. Dijo que la primera gran actividad de un grupo local es la súplica, las oraciones, intercesiones y acciones de gracias. Si fuéramos a utilizar un sustantivo plural para todas esas actividades ese sería, *oraciones*. De manera que la actividad fundamental de los creyentes reunidos en comunión es ministrar al Señor en oración. La oración es fundamental.

Esto concuerda con Isaías 56: 7 en donde Dios dijo a los creyentes que se habían reunido en asamblea: "Mi casa será llamada casa de oración para todos los pueblos." En otras palabras, no solamente debemos orar, sino que nuestras oraciones deben ser tan amplias en su alcance como el amor y la misericordia de Dios; la oferta del Evangelio es para todos.

Luego Pablo reveló el primer tema de oración. Al final del primer versículo dijo que, generalmente, la oración se debe hacer a favor de todos los hombres, pero luego explicó por quiénes se debe orar primero. De todos los que tienen necesidades, ¿por quiénes debemos orar primero? ¿Por los misioneros? ¿Por los evangelistas? ¿Por los enfermos? No; y es en esto en lo que la mayoría de cristianos está fuera de la voluntad revelada de Dios. No conocen la prioridad de Dios.

Dios dice que cuando nos reunimos en oración como congregación local, o cuando se reúnen dos o tres creyentes, las primeras personas por las cuales quiere que oremos son los reyes y todos los que ostentan autoridad. Yo diría, utilizando lenguaje moderno, que en el día de hoy esto es una referencia al gobierno.

¿Se da usted cuenta de que su primera responsabilidad al orar es interceder por el gobierno de su nación? Lo que yo he observado en muchas iglesias es que la gente nunca piensa en eso, ni siquiera una vez al mes. No obstante, Pablo lo señala como la primera prioridad.

¿Qué hemos de pedirle a Dios que haga por el gobierno y a través de él? "Que vivamos quieta y reposadamente en toda piedad y honestidad." Hagámonos esta sencilla pregunta: ¿Afecta el gobierno bajo el cual vivimos la vida que llevamos? Obviamente nos afecta continuamente de muchas maneras. De modo que si queremos llevar una buena vida, la lógica y el interés propio nos indican que debemos orar por nuestro gobierno.

¿Qué debemos pedir que realice el gobierno? Que logre una estabilidad en la cual nosotros, que estamos bajo su autoridad, vivamos quieta y reposadamente en toda piedad y honestidad. En otras palabras, debemos orar que el gobierno haga su trabajo de manera apropiada. O para decirlo con mayor claridad, debemos orar por un buen gobierno.

¿Cuántos de nosotros podemos decir que estamos viviendo quieta y reposadamente en toda piedad y honestidad? Hace algunos años desayunaba yo en San Francisco, California, con dos diplomáticos de Hong Kong. Les pregunté durante la conversación cómo es la vida en su país, esperando que me hablaran de la amenaza comunista, o algo así. Sin embargo, lo que los impresionaba era que en Hong Kong una mujer puede caminar sola por la calle, a cualquier hora de la noche, lo cual no era posible en San Francisco, ni siquiera durante el día, en algunas áreas.

Sabemos que esto es cierto. En la mayoría de las ciudades estadounidenses una mujer no puede andar sola, segura, y sin preocupaciones. Y en muchas zonas no puede hacerlo ni siquiera un hombre. ¿Estamos viviendo quieta y reposadamente en toda piedad y honestidad?

Cuando quise hacerme ciudadano de los Estados Unidos aprendí que el centro de todas las instituciones estadounidenses es la *Constitución Nacional*. Al leer la Constitución y sus posteriores enmiendas en la forma en que la presentan para quienes pretenden convertirse en ciudadanos llegué a esta conclusión: El propósito fundamental de la constitución, tal como la concibieron quienes la redactaron, fue crear una situación en los Estados Unidos de América en la cual podamos vivir una vida quieta y reposada, en toda piedad y honestidad.

Realmente yo creo que esas palabras resumen con toda la exactitud posible la intención de la Constitución Americana. Si se logra ese propósito, creo que podemos decir que tenemos un buen gobierno. En otras palabras, la función de un buen gobierno, según los cánones americanos, es proveer un marco legal, una situación de leyes, y una administración en la cual cada uno de nosotros pueda conducir su vida y sus asuntos diarios en forma reposada, *en toda piedad y honestidad*. Estoy realmente convencido que los padres fundadores de la nación lo hubieran aceptado como su primer objetivo al delinear la Constitución.

En el siguiente versículo de nuestra porción escritural, leemos: "Porque esto es bueno y agradable delante de Dios nuestro Salvador." *Esto*, –lo que significa un buen gobierno– es tremendamente importante. Es la voluntad de Dios.

Luego Pablo nos explica una razón básica por la cual Dios aprueba un buen gobierno, y por qué ello es su voluntad. Dice que "Dios quiere que todos los hombres sean salvos y vengan al conocimiento de la verdad" (versículo 4). Ya he señalado que el amor y la misericordia de Dios se extienden a toda la humanidad. Dios quiere que todos los seres humanos sean salvos, pero no pueden serlo si no vienen al conocimiento de la verdad. Y no pueden venir al conocimiento de esa verdad –la verdad del evangelio– si no se les presenta en el evangelio.

De modo que, por esa lógica y sencilla razón, Dios quiere que se proclame la verdad del Evangelio a todos y en todo lugar. Todo lo que tenemos que hacer es preguntarnos una vez más: ¿Cuál hace más fácil la proclamación del Evangelio, un gobierno bueno, o uno malo? Pienso que la respuesta es demasiado obvia y no necesita explicación. Un mal gobierno estorba la predicación del Evangelio de manera que la voluntad revelada de Dios es que tengamos un buen gobierno.

Ésta es, pues, la base del éxito de la oración en este ejemplo particular. Como somos un Reino de sacerdotes sabemos que es nuestra responsabilidad ejercer dominio en el mundo a través de nuestras oraciones. Nos esforzamos con ahínco por cumplir con las condiciones al acercarnos a Dios en oración acudiendo con sumisión reverente, con fe y de acuerdo con los demás requerimientos. Luego estudiamos la Palabra bajo la guía del Espíritu Santo y discernimos que un buen gobierno es la voluntad de Dios. Si por lo tanto, oramos por él, sabemos que Dios nos oye. Y si Dios nos oye, sabemos que tenemos lo que le pedimos.

Ahora, démosle la vuelta al asunto. Si no tenemos un buen gobierno, –y cada uno de nosotros tiene que decidir si nuestro gobierno es eficiente y efectivo, y los estándares con los cuales lo juzgamos–, ¿cuál es la razón para que esto suceda? Si creemos lo que la Biblia dice, hay solamente dos razones o causas posibles.

La primera es que no hemos orado como debíamos. Supongo que en los Estados Unidos esto es cierto respecto al cincuenta por ciento de los cristianos. En realidad, estos nunca oran de manera correcta y con un interés genuino por su gobierno. Se encogen de hombros y critican mucho. Permítame por un momento señalar que en la Biblia no hay autorización para criticar al gobierno sino una exhortación a orar por él.

La segunda razón posible es que hemos orado pero desconociendo la voluntad de Dios. Solamente cuando oramos conociendo la voluntad de Dios podemos decir que tenemos lo que pedimos. Por ejemplo, sabemos que un buen gobierno es voluntad de Dios porque facilita la predicación del Evangelio, lo cual es el propósito fundamental de Dios para el mundo.

¿Por qué a los cristianos se les hace tan difícil creer que muchas cosas dependen de nuestras oraciones? Adoptamos la actitud de que lo que ocurre escapa a nuestro control, que no hay nada que podamos hacer respecto al gobierno, a los prejuicios, al odio y a todo lo malo que nos rodea. Nos encogemos de hombros, criticamos, nos quejamos, pero no oramos. Por eso es que vemos la decadencia moral y ética en todo el mundo, tanto en el liderazgo como en la cultura nacional en general. No hemos entendido las posibilidades ilimitadas de orar conforme a la voluntad de Dios tal como la revela su Palabra. Por esa causa fracasamos en nuestra responsabilidad de ejercer dominio en el mundo como es el propósito divino.

Tres metáforas acerca de la oración

Suponga que reconocemos que los cristianos hemos fallado en ejercer influencia potencial para el bien en todos los aspectos de nuestra vida. ¿Hay algo que podamos hacer para remediar esta situación? Mi respuesta es, sí. La Biblia tiene una respuesta clara y práctica para esta pregunta, pero antes de verla confrontemos primero toda la extensión de la responsabilidad como cristianos de ejercer una influencia particular y decisiva –eso es gobernar– en la sociedad en la cual vivimos.

Jesús nos dio pautas en el Sermón del Monte. Él utilizó tres metáforas consecutivas: la sal, la luz, y una ciudad sobre una colina. Esto fue lo que dijo:

> *"Ustedes son la sal de la tierra. Pero si la sal se vuelve insípida, ¿cómo recobrará su sabor? Ya no sirve para nada, sino para que la gente la deseche y la pisotee. Ustedes son la luz del mundo. Una ciudad en lo alto de una colina no se puede esconder."*
>
> Mateo 5: 13 – 14, NVI.

Miremos el significado particular de cada metáfora. Me gustaría tomarlas en el orden inverso en que Jesús las expuso.

En primer lugar, nosotros los cristianos somos una ciudad en lo alto de una colina. ¿Qué significa eso? Creo que la mejor palabra que resumiría esa idea es la palabra *conspicua*, que también significa clara, visible, aparente; que se puede ver a toda hora desde todos los ángulos. Somos observados continuamente. En el momento en que usted le hace saber a la gente que cree en Jesucristo, que es su devoto seguidor, que asiste a tal o cual iglesia, todos empiezan a mirarlo de una manera especial. Analizan su vida, su conducta y su comportamiento.

Y piensan: *Lo que hace, ¿será real o es sólo actuación religiosa?* No lo miran en la iglesia; lo observan en otros lugares como en la oficina, en la fábrica o en la cocina. Jesús estaba diciendo que todos los que profesamos fe en él somos, en forma colectiva, tan visibles *como una ciudad sobre una colina.*

Segundo, Jesús dijo que somos la luz del mundo. Hay una característica importante de la luz: no tiene remplazo. Ninguna otra cosa puede tomar su lugar. Y eso también es cierto respecto a nosotros como seguidores de Cristo. No existe substituto para nosotros; nadie más puede ocupar nuestro lugar ni realizar nuestra tarea. La luz es, también, la única respuesta o solución a la oscuridad. Es decir, que donde llega la luz ya no hay más problema con la oscuridad.

La tercera figura que Jesús utilizó es la de la sal de la tierra. Ahora bien, la sal es algo muy familiar y se podría decir mucho de ella. Pero me limitaré a mencionar dos de sus funciones principales: dar sabor y evitar la descomposición. Si un alimento no es muy gustoso o está algo insípido –por ejemplo si está comiéndose un huevo– ¿qué hace usted? —Rociarlo con sal. La sal le da sabor a lo que no lo tiene.

Si somos sal, somos como pequeños granitos esparcidos sobre la faz de la tierra. Nuestra responsabilidad es darle sabor. ¿Sabor para quién? Para Dios. La presencia nuestra debe hacer la tierra aceptable para Dios de manera que no lo sería si no estuviéramos aquí viviendo nuestra vida en su gracia y en su amor, adorándolo y alabándolo de acuerdo a su voluntad. Nuestra presencia hace la diferencia en cuanto a la forma en que él ve la tierra. Yo creo que el mundo va a descubrir esta verdad cuando Dios nos saque de aquí en el gran acontecimiento conocido como el Rapto o Arrebatamiento, pero ese día todavía no ha llegado. Mientras tanto tenemos la responsabilidad de ser sal de la tierra.

La segunda función de la sal es retrasar la descomposición. En tiempos pasados, cuando aún no había refrigeración, la gente preservaba la carne salándola. De igual manera, es nuestra responsabilidad retrasar las fuerzas de la corrupción –moral, social y política– hasta que los propósitos de la gracia y la misericordia de Dios hayan obrado en este mundo nuestro.

Pero suponga que no desempeñamos nuestra función como lo hace la sal: dar sabor y contener la corrupción. En tal caso, escuche lo que Dijo Jesús: "Si la sal no realiza su función ya no es buena para nada." ¿Se da cuenta usted que eso se aplica a nosotros? Si no estamos haciendo lo que debemos, ¡ya no somos buenos para nada! Sólo podemos esperar ser "pisoteados por la gente." ¿Cómo se sentiría usted si eso ocurriera?

Es un asunto serio que millones y millones de personas sobre la tierra considerarían su gran privilegio: pisotear a los cristianos. Dios no va a venir a pisotearnos él mismo pero nos entregará a quienes odian al cristianismo y todo lo que tiene que ver con él. Y la reflexión más amarga de tal momento será: "Lo merecemos. Jesús nos advirtió y no escuchamos. Él dijo que si no servíamos como sal, seríamos desechados y pisoteados."

El remedio

Como lo mencioné antes, creo que hay un remedio para nuestro fracaso general de ejercer nuestro potencial para el bien de nuestro país. Creo que en su misericordia, Dios nos ofrece una manera de cambiar la situación mejorándola. El versículo clave que nos da las instrucciones es uno muy conocido: "Si mi pueblo, que lleva mi nombre, se humilla y ora, y me busca abandonando su mala conducta, yo lo escucharé desde el cielo, perdonaré su pecado y restauraré su tierra" (2° de Crónicas 7: 14, NVI).

Consideremos por un momento de quién se habla. Dios dice: "Si *mi pueblo, que lleva mi nombre.*" Este versículo en el idioma hebreo realmente dice: "*mi pueblo, sobre el cual mi nombre es invocado.*" Eso nos describe exactamente a usted y a mí como cristianos. Somos cristianos porque el nombre de nuestro Señor Jesucristo es invocado sobre nosotros. Somos su pueblo. Y si es así, Dios demanda cuatro cosas de nosotros. Si las hacemos, Dios por su parte hará tres cosas a favor de nosotros.

Empecemos con las tres cosas que Dios dice que hará. Aquí están las dos primeras: "lo escucharé desde el cielo y perdonaré su pecado." Dios no se compromete a escuchar todas las oraciones pero dice que si cumplimos con sus condiciones, las escuchará y perdonará nuestro pecado. Note bien que está hablando del pecado de su pueblo. Es necesario que entendamos eso. Nuestros pecados se interponen entre nosotros y la intervención de Dios.

La tercera cosa que Dios dice que hará es "sanar su tierra." ¿Necesita la tierra sanidad en la mayor parte del mundo? Hablando como estadounidense yo diría que la nación americana nunca antes en su historia estuvo más desesperadamente necesitada de sanidad como ahora. La promesa divina de sanar nuestra tierra es aplicable, con toda seguridad, a nosotros el día de hoy. Pero recuerde que es una promesa condicionada al arrepentimiento.

¿Cuáles son, entonces, las cuatro cosas que Dios demanda que hagamos? En primer lugar viene la humildad. La Escritura dice: "Dios resiste a los soberbios, y da gracia a los humildes" (1ª de Pedro 5: 5). Podemos empezar a orar, pero si oramos con orgullo y arrogancia y con nuestra justicia propia, Dios no escuchará nuestras oraciones. Cuando nos hayamos humillado viene la segunda demanda que es *orar*.

El tercer punto es *buscar el rostro del Señor*. Creo que esto significa más que una reunión de oración que empieza a las 7: 30 y concluye a las 9:00. *Buscar el rostro de Dios* significa que oramos hasta que sabemos que lo hemos encontrado y que la respuesta está en camino.

Y en cuarto lugar, tenemos que abandonar nuestra mala conducta y acciones perversas. Enfrentemos el hecho de que *nuestras malas acciones* han causado los problemas de nuestras tierras. Nuestra falta de oración, la negligencia en testificar, la falta de integridad, la carencia de una justicia abierta que desafíe al impío y al incrédulo; Dios nos hace responsables de todo eso para reclamar el cambio.

Bien, ahora que entendemos algunos principios bíblicos que es necesario seguir para obtener respuestas a la oración, miremos otras maneras diferentes y específicas de orar, como petición e intercesión. Me gusta pensar en varios tipos de oración como parte de una gran sinfonía. Ese es el tópico de nuestro siguiente capítulo: doce tipos diferentes de oración, y algunas maneras armoniosas, digámoslo así, de poner estos principios en operación.

4

DOCE TIPOS DIFERENTES DE ORACIÓN

Otra vez os digo, que si dos de vosotros se pusieren
de acuerdo en la tierra acerca de cualquiera cosa que
pidieren, les será hecho por mi Padre que está en los
cielos. Porque donde están dos o tres congregados en
mi nombre, allí estoy yo en medio de ellos.
Mateo 18: 19 – 20

Esta Escritura nos trae un importante principio para poner en práctica nuestros fundamentos para la oración eficaz. Es lo que yo llamo "la sinfonía de oración", y estoy utilizando con propósito la palabra *sinfonía*. Ésta se deriva de la palabra griega *sunfoneo*, y el significado o concepto básico que expresa es el de *armonía*.

Cuando hablamos de ser guiados en oración surge la pregunta: ¿guiados por quién? La respuesta la encontramos en Romanos 8: 14: "Porque todos los que son guiados por el Espíritu de Dios, son hijos de Dios." Así como el Espíritu nos guía para entender la voluntad de Dios en la Escritura, también nos guía para orar por ella.

En este versículo Jesús dice entonces que en cualquier circunstancia que dos o tres cristianos sean guiados por el Espíritu para reunirse en un lugar para orar en su nombre, pueden contar con su presencia. Además, si éstos ejecutan *una sinfonía* –se reúnen en perfecta armonía– en relación con cualquier cosa que pidan, eso les será hecho.

Note que Jesús no dijo: "Cuando tres Pentecostales, o Católicos, o Metodistas, se reúnen, allí estaré." Muchísimas personas aplican mal este versículo. Ellas hablan de la presencia de Jesús cuando él se encuentra bien lejos. Él se ha comprometido sólo con quienes, guiados por el Espíritu, acuden a Dios en su nombre.

Pienso que Dios nos da aquí, también, una nueva visión de la oración colectiva. Puede ser el caso de la reunión de un grupo de dos o tres personas, que es la visión tradicional de lo que expresa este versículo. Pero también puede ser cuando estamos dispersos físicamente en diferentes lugares y en recintos solitarios de oración. No obstante, nuestras oraciones suben ante la presencia de Dios como una sola plegaria al orar de acuerdo a su voluntad y en el nombre de Jesús.

Yo no soy un músico profesional pero sí sé que una sinfonía comprende básicamente varios componentes: se necesita un director, una partitura y una orquesta, es decir, músicos y sus instrumentos. En nuestra sinfonía de oración, el director es el Espíritu Santo. La partitura es la voluntad de Dios revelada en su Palabra. Y los músicos son quienes se reúnen en el nombre de Jesús.

Con estos componentes en su lugar preciso, el Espíritu Santo mueve la batuta de su autoridad y une la interpretación de muchos instrumentos diferentes.

Me gustaría que usted pensara en su oración como si ocupara un lugar en una orquesta, tocando su propio instrumento. Desde luego, usted no está confinado a tocar un solo instrumento aunque probablemente tenga preferencia por alguno en particular. Estos instrumentos son la alabanza, acción de gracias, adoración, petición, intercesión, súplica, mandato, entrega, dedicación, persistencia, bendición y maldición. La anterior no es una lista completa; hay más, pero esta será suficiente para mantenernos ocupados. Los instrumentos mencionados nos ayudarán a equiparnos para "orar en todo tiempo con toda oración y súplica en el Espíritu" (Efesios 6: 18).

Alabanza y acción de gracias

A mí me gusta empezar siempre mis tiempos de oración con estos dos instrumentos: alabanza y acción de gracias. La alabanza se la damos a Dios *por lo que es*. La acción de gracias es por lo que ha hecho por nosotros en particular. Ahora, que si usted tiene una emergencia –por ejemplo está a punto de chocar con el vehículo que va adelante– no tiene tiempo para hablar mucho. Pero exceptuando casos así, es un buen principio empezar con estos dos instrumentos.

El Salmo 48: 1, nos dice: "Grande es el Señor, y digno de ser en gran manera alabado." La alabanza es algo vocal, algo que expresamos verbalmente. La alabanza debemos darla en proporción a la persona de Dios. Él es grande: en sabiduría, en poder, en su actividad creativa, en sus actos redentores y en su trato con nosotros. Cada atributo de Dios y cada cosa que hace son grandes. Por lo tanto debe ser alabado en grande. Jamás desperdiciamos el tiempo cuando alabamos al Señor, y la mayoría de nosotros lo hace muy poco.

La acción de gracias también es verbal. Toma toda la grandeza universal de Dios y la hace específica para nuestro caso particular. Mire lo que Pablo dijo: "Por nada estéis afanosos, sino sean conocidas vuestras peticiones delante de Dios en toda oración y ruego, con acción de gracias" (Filipenses 4: 6).

Tal como yo lo entiendo, la acción de gracias y la alabanza nos proporcionan acceso directo a Dios. El Salmo 100: 4 nos dice: "Entrad por sus puertas con acción de gracias, por sus atrios con alabanza; alabadle, bendecid su nombre." Las puertas nos conducen a los atrios, y los atrios a su presencia. Usted pasa por las puertas con acción de gracias, y por los atrios con alabanza, y está adentro.

Sin estos instrumentos somos como los diez leprosos que acudieron a Jesús en busca de ayuda. Se mantuvieron a distancia y clamaron: "¡Señor, ten misericordia de nosotros!" (Ver Lucas 17: 11 – 19). Y la tuvo, pero ellos nunca tuvieron acceso a él. Millones de cristianos oran de esa manera. "Señor, ayúdame. Necesito dinero. Quiero que me sanes." Pero claman a distancia porque no utilizan un poderoso medio de acceso a Dios.

En esa historia de los leprosos usted notará que sólo uno regresó a dar las gracias. Cuando lo hizo tuvo acceso directo a Jesús. La Biblia dice que los diez fueron sanados, pero sólo uno fue salvado. Por dar gracias obtuvo beneficios tanto espirituales como físicos.

Hablaba yo en una ocasión en Jerusalén cuando un cristiano maduro se me acercó. Y digo maduro, en todo sentido: Tenía más o menos la misma edad mía y había sido cristiano por más tiempo que yo. Era un respetado hombre de Dios. Yo había hablado sobre este tema y pensé que era algo que todo el mundo sabía, pero este hombre dijo: "Usted dio en el blanco conmigo cuando habló de esto de llegar ante Dios con alabanza y acción de gracias." Había sido cristiano durante cincuenta años y al parecer nunca había entendido este principio.

Una hermosa frase en el libro del profeta Isaías nos proporciona otra imagen de la acción de llegar ante la presencia del Señor. Es una descripción profética de la ciudad de Dios: el lugar en donde él habita y el hogar de su pueblo. Hablando de este hermoso lugar, Isaías dijo: "A tus muros llamarás Salvación, y a tus puertas Alabanza" (Isaías 60: 18).

Los muros de esta ciudad son Salvación. Esa es una referencia a la provisión y protección de Dios para su pueblo. *Salvación* es la palabra que incluye todos los beneficios y bendiciones que Jesús compró para nosotros mediante su muerte en la cruz.

Esta gloriosa ciudad cuyos muros son salvación también tiene puertas. El libro de Apocalipsis nos dice claramente que la única manera de entrar a ella es a través de sus puertas (ver Apocalipsis 21: 25 – 27; 22: 14). Si queremos entrar a la ciudad de Salvación, si deseamos llegar a la presencia de Dios y disfrutar de toda su provisión y las bendiciones destinadas para su pueblo, debemos hacerlo a través de la puerta de Alabanza.

John Wesley escribió en su diario: "Estoy convencido de que Dios hace todas las cosas en respuesta a la oración; nada hace sin ella." Yo agregaría un amén a esa afirmación. El apóstol Pablo dijo: "sean conocidas vuestras peticiones delante de Dios en toda oración y ruego" pero agregó: "con acción de gracias" (Filipenses 4: 6). En otras palabras, cuando usted se presente ante Dios con sus peticiones, nunca olvide comenzar dándole gracias.

Hay una ciudad en el norte de Irlanda llamada Bangor con la cual mi esposa Rut y yo hemos tenido una larga relación. En esta ciudad vivió un grupo de monjes que por más de cien años elevaron continua alabanza y acción de gracias a Dios, 24 horas al día, todas las semanas y todos los años. Eran unos monjes bien radicales y piadosos. Si pensaban que podían quedarse dormidos durante la oración, se metían al río hasta que el agua les daba al cuello.

Si usted visita ese lugar sentirá que hay allí algo diferente. Es una ciudad diferente de cualquiera otra. De hecho, la ciudad de Bangor está junto a otra cuyo nombre es Holywood. Bangor, con su historia monacal es llamada así porque hay en ella un bosquecito que fue sagrado en la adoración de los Druidas. Hasta que discernimos la razón por la cual el Espíritu de Dios nunca reposó sobre la ciudad, nada ocurrió en ella. Pero cuando comprendimos que teníamos que romper ese poder satánico sobre ella, experimentamos algo como una liberación del Espíritu de Dios allí.

Para decirlo de la manera más sencilla, usted *alaba* a Dios por su grandeza. Le da *gracias* por su bondad y por todo lo que ha hecho por usted. Dar gracias tiene una función sicológica muy importante: edifica nuestra confianza. Mientras más nos detenemos a darle gracias a Dios por lo que ha hecho por nosotros, más fácil se nos hace creer que hará lo que le vamos a pedir.

También muestra nuestros buenos modales.

Adoración

El cristianismo contemporáneo tiene una pobre comprensión de la adoración. Adorar no es cantar himnos o coros; adoración no es una declaración como recitar "el credo" o enumerar los atributos de Dios. Las expresiones vocales tienen que ver con la alabanza y la acción de gracias; la adoración es un asunto *de nuestra actitud reverente hacia Dios.*

La mayoría de palabras traducidas como "adoración" tanto en el Antiguo Testamento como en el Nuevo, describen básicamente una actitud del cuerpo. Diferentes palabras describen diferentes actitudes. Una significa inclinar la cabeza. Otra, doblar la parte superior del cuerpo y extender las manos. Una tercera significa postrarse rostro en tierra en presencia de la persona a quien se adora.

La acción de gracias y la alabanza son vocales, es decir, que salen de nuestra boca; la adoración es la *actitud espiritual* con la cual nos acercamos a Dios. Ahora bien, con esto no quiero decir que la adoración no se pueda expresar vocalmente, pero no es adoración si no va acompañada de una cierta actitud del cuerpo.

En el capítulo seis de Isaías, el profeta describió una visión del trono de Dios. Por encima del trono vio a los serafines, las criaturas de fuego que lo rodeaban. El profeta notó que tenían seis alas y vio cómo las usaban. Con dos alas cubrían su rostro, con dos cubrían sus pies y con las otras dos volaban. Entendemos por estas imágenes que dos pares de alas les fueron dadas para adorar (lo que indica la acción de cubrir sus rostros y sus pies), y el tercer par para servirle a Dios (lo que indica la acción de volar). Esto nos dice que al servicio precede la adoración, y también que ésta es dos veces más importante que el servicio.

En un sentido figurativo, la adoración es cubrirse el rostro y el cuerpo. Es inclinarse bajando la cabeza. Desde luego, esto no tiene que ser una descripción del cuerpo físico solamente; estamos hablando de algo en el Espíritu: de enfocar nuestro espíritu hacia Dios. Recuerde que el mismo Jesús dijo: "Los verdaderos adoradores adorarán al Padre en Espíritu y en verdad" (Juan 4: 23).

Jesús también lo mencionó en el "Padrenuestro": "Vosotros, pues, oraréis así: Padre nuestro que estás en los cielos" (Mateo 6: 9). Cuando nos dirigimos a Dios saludándolo con reverencia, lo siguiente que debemos decir es: "Santificado sea tu nombre. Tu nombre es santo. Es un privilegio utilizar su nombre y lo hacemos con reverencia, con humildad, con veneración y honor."

Eso es precisamente la adoración: un corazón postrado en la presencia de Dios.

Petición

El instrumento que la mayoría de la gente tiene en mente cuando habla de la oración es la "petición", o sea, pedir que las necesidades físicas y materiales sean suplidas. Pero la oración no es solamente pensar en lo que necesitamos y pedirlo. Orar es descubrir el propósito de Dios revelado en la Escritura y luego pedir que ese propósito se cumpla en nosotros.

Miremos otra vez 1ª de Juan 5: 14 – 15: "Y esta es la confianza que tenemos en él, que si pedimos alguna cosa conforme a su voluntad, él nos oye. Y si sabemos que él nos oye en cualquiera cosa que pidamos, sabemos que tenemos las peticiones que le hayamos hecho."

Eso es la petición. Eso es pedir cosas para nosotros. Ya habíamos mirado este versículo en el capítulo 2 y aprendimos que si pedimos de acuerdo a la voluntad de Dios, él nos oye. Y si sabemos que nos oye, entonces tenemos lo que pedimos. Si usted hace una petición y ora en la voluntad de Dios, al terminar la oración debe saber que ha recibido lo que pidió.

Uno de los grandes secretos en cuanto a obtener cosas de Dios es prestar atención a la parte de recibir. Innumerables personas piden pero nunca reciben. Hay un antiguo canto que dice así:

Cada vez que tú oras,

¿Lo haces de veras creyendo?

¿Lo haces de acuerdo a la Biblia,

al pedir y recibir?

Lo importante no es solamente pedir, sino pedir y recibir. Lo he visto muchas veces. Dios da un toque de sanidad a alguien, pero la persona no recibe salud. Una manera de *no* recibir la respuesta a una petición es seguir orando por ella. Algunas personas oran en fe, y luego oran sin fe.

Otro pasaje bíblico es aún más enfático. Jesús hablaba de este asunto específico de pedir cuando dijo: "Por lo tanto, les digo que todo lo que pidan orando, crean que ya lo han recibido, y será de ustedes" (Marcos 11: 24, NKJV). Algunas traducciones dicen: "Crean que lo recibirán" pero no es traducción correcta, por lo menos no es la traducción literal. La Nueva Versión Internacional es más exacta en este caso cuando dice: "Crean que *ya han recibido* lo que piden." ¿Cuándo recibe usted las cosas que pide? Pues, cuando ora.

Sin embargo, tome nota de esto: Recibir no es lo mismo que tener. Recibir es aceptar; tenerlo es la experiencia que le sigue. La experiencia real de tener aquello por lo que hemos orado quizá requiera de un tiempo de espera, pero por fe recibimos lo que pedimos en el momento en que oramos. Digamos que usted tiene una necesidad financiera. Ora y permanece en contacto con Dios diciéndole: "Señor, necesito este dinero antes del jueves." Y luego le dice: "Gracias Señor." En este caso usted habla convencido de que usted los recibió. Las circunstancias no han cambiado, pero usted ya los recibió en su corazón y los tendrá.

A veces yo defino nuestra actitud en este tiempo intermedio como "mantenerse conectado con Dios." Permítame darle un ejemplo: Yo conocí a Rut en Jerusalén cuando ella estaba virtualmente paralizada por un accidente. Se había caído al bajar por unas escaleras y había sufrido la rotura de un disco vertebral. Pasaba la mayor parte del tiempo acostada y sufría continuo dolor. Además de la rotura del disco tenía torcida la columna precisamente en el punto donde estaba el disco afectado, lo que hacía peor la situación.

Puesto que Dios me ha dado una fe especial para orar por las personas que tienen este tipo de problema, y por un sentido de responsabilidad, fui y oré por ella. Déjeme decir que en ese tiempo yo no estaba buscando esposa. Ese fue un beneficio extra.

Después de orar estuve un poco frustrado pues no hubo una mejoría inmediata o dramática en la salud de Rut. Pero gracias a Dios ella es una mujer de fe. Le dije a ella lo que le digo a otros: "Ahora estás conectada al poder sobrenatural de Dios. Mantén la conexión."

¿Cómo mantenemos la conexión? Básicamente dándole gracias. Si usted ha hecho una petición relativa a sanidad física puede decir, por ejemplo: "Gracias Señor porque tocaste mi salud. Tu poder está obrando en mi cuerpo." Cada vez que sienta dolor o uno de los síntomas, diga: "Gracias Señor, tu poder sobrenatural sigue obrando en mi cuerpo." Y al responder de esa manera Dios completa la sanidad.

Rut tuvo la fe y las agallas para conservar la conexión con Dios y para agradecerle continuamente por su sanidad. Su columna comenzó a mejorar un poco. Mientras tanto, empezó a darse cuenta de que nunca antes había pensado en lo que realmente significaba cuidar de su cuerpo como templo del Espíritu Santo. Mientras mantenía el contacto comenzó a cuidar de su cuerpo con disciplinas diarias como el ejercicio físico.

Unos cuántos meses después estaba en una reunión cuando el Espíritu de gozo vino sobre la gente. Se levantó y empezó a danzar, y mientras danzaba delante del Señor sin pensar siquiera en su situación física, su disco roto fue sanado de manera instantánea. Ella se mantuvo conectada todo el tiempo con el Sanador. Más tarde la rotura había sanado y su columna, que siempre estuvo torcida desde que era una niña, se enderezó. Eso es conectarse con el propósito de Dios y mantenerse conectado hasta recibir respuesta a la petición.

¿Puede usted ver que en el asunto de la oración no es suficiente tener fe? También es necesaria la paciencia. Considere el caso de Abraham. Dios le prometió una gran cantidad de descendientes cuando aún no tenía siquiera un hijo. Pero la Escritura dice que "habiendo esperado con paciencia, alcanzó la promesa" (Hebreos 6: 15). ¿Por cuánto tiempo esperó? ¡Por veinticinco años! Tenía 99 años de edad cuando se cumplió la promesa del nacimiento de su hijo. Piense usted en las innumerables ocasiones en que debe haber sido tentado a dudar, a desconectarse de Dios.

Hebreos 10: 36 nos dice que "es necesaria la paciencia, para que habiendo hecho [nosotros] la voluntad de Dios, obtengamos la promesa." En ese intermedio en que se hace la voluntad de Dios y se cumple la promesa usted puede hacer dos cosas: mantenerse conectado o desconectado. Si se desconecta, no recibe nada. Si mantiene la conexión, lo recibe todo.

¿Qué es lo que Dios pone a prueba? Su perseverancia.

Algo que nos puede ayudar en ese proceso de mantener la conexión es aprender a hacer la confesión –o declaración– correcta, es decir, declarar verbalmente con confianza nuestra fe. Yo he descubierto que existen ciertas formas de expresar la fe que tienen inmenso poder y que ponen en acción el poder de Dios y nos animan y fortalecen. Muy a menudo, cuando oro en la mañana, o al terminar el día, hago estas sencillas confesiones. Aquí tiene, por ejemplo, una declaración respecto al cuerpo que yo repito varias veces a la semana:

Mi cuerpo es el templo del Espíritu Santo, redimido, limpiado y santificado por la sangre de Jesús. Mis miembros son instrumentos de justicia rendidos a Dios para su servicio y su gloria. El diablo no tiene lugar en mí, ni poder ni ningún derecho sobre mí. Todo ha sido arreglado por la sangre de Jesús. Yo venzo a Satanás por la sangre del Cordero y por la palabra de mi testimonio.

Otro de mis versículos favoritos es 2ª de Corintios 2: 14: "Mas a Dios gracias, el cual nos lleva siempre en triunfo en Cristo Jesús, y por medio de nosotros manifiesta en todo lugar el olor de su conocimiento." Para mí ese es un pensamiento hermoso: Si andamos victoriosos en Cristo, de esa victoria emana una fragancia que el Espíritu Santo esparce y bendice a todos aquellos con quienes entramos en contacto.

Permítame darle unos ejemplos más de las cosas que le he pedido a Dios. Sin embargo, recuerde esto en primer lugar: Si va a pedirle algo al Señor, empiece siempre dándole gracias. Nunca vaya directo a la petición. Y nunca use una petición para enumerar ante Dios las faltas de alguien. A veces vemos en la vida de una persona algo que se debe corregir. Quizá nos sentimos en libertad de orar por esa corrección, pero deseo que usted convierta esta actitud en un principio: nunca voy a orar por ninguna persona hasta haber encontrado primero en ella o en su ministerio algo por lo cual dar gracias a Dios.

Ahora, suponga que yo quisiera pedirle a Dios por cierto aspecto del ministerio en el cual estoy involucrado. Primero puedo darle gracias por la expansión del mismo. Luego agradecerle por las personas que participan en él. Entonces sí podría continuar con la petición. Podría pedir por la dirección del Espíritu Santo y por protección en el continuo desarrollo y alcance del ministerio radial y todos los que sirven en esa área. Luego podría seguir agradeciéndole por escuchar nuestra oración y creer que he recibido todas esas cosas.

O suponga que estoy orando por Israel. Debo empezar agradeciendo el pacto de fiel protección de Dios y por el cuidado que tiene porque su Palabra tenga cumplimiento. Entonces empiezo mi oración pidiéndole que levante un liderazgo en Israel inspirado por la fe bíblica; o le pido que nos muestre líderes que sean capaces de sanar las prolongadas divisiones de la nación y guiarla hacia la plenitud de su herencia.

La oración de petición es una oración que busca recibir lo que a veces demanda perseverancia y resistencia para aguantar. Como veremos en un momento, esta oración es diferente de la oración de persistencia, la cual persiste en tocar la puerta.

Intercesión

La intercesión es una de las artes más elevadas de la vida cristiana; uno de los instrumentos más difíciles de tocar. Requiere mucha práctica, mucha destreza y mucha madurez. *Interceder* significa literalmente "mediar."

El intercesor es alguien que hace de mediador entre Dios y las personas por las que ora.

La Biblia nos da muchos ejemplos de algunos casos extremos de intercesión. Uno de ellos fue la ocasión en que Abraham medió entre el Señor y la perversa ciudad de Sodoma. Génesis 18 nos cuenta la historia de la visita del Señor y dos de sus ángeles al hogar de Abraham que fue un notable cuadro de hospitalidad. Abraham les ofreció agua para lavar sus pies; mató un carnero para que comieran y charló con ellos bajo la sombra de los árboles. Luego el Señor comenzó a descubrirle el propósito de su visita: iba a descender sobre las ciudades malvadas de Sodoma y Gomorra para investigar la situación y actuar en consecuencia.

Ahora bien, esto afectaba un tanto a Abraham por cuanto su sobrino Lot, quien estaba desviándose del buen camino, vivía en Sodoma. Abraham sabía que si el juicio caía sobre Sodoma, Lot y su familia serían unas de sus víctimas. En ese punto "se apartaron de allí los varones [es decir, los dos ángeles], y fueron hacia Sodoma; pero Abraham estaba aún delante del Señor" (Génesis 18: 22).

Esa es la posición del intercesor. Abraham estuvo delante de Dios y le dijo: "Señor, espera un momento. No vayas todavía. Tengo algo que decirte." En cierto sentido él detuvo al Señor. Y luego comenzó un tiempo de regateo. Abraham le pidió al Señor que perdonara las ciudades si podía encontrar en ella cincuenta justos, luego bajó a cuarenta, y así siguió disminuyendo la cantidad hasta que el Señor convino en perdonar a Sodoma si encontraba en ella diez personas justas.

Esa es una tremenda revelación. Yo he tratado de establecer en forma aproximada cuánta era la población de Sodoma en los días de Abraham. Sin entrar en detalles, he llegado a creer que ésta era una ciudad importante y que sus habitantes pudieron haber sido no menos de diez mil. Esa es una proporción interesante y bíblica. Job 33: 23, NKJV dice: "Si tuviese cerca de él algún elocuente mediador muy escogido, uno entre mil, que le muestre al hombre su injusticia." Eclesiastés 7: 28, dice: "Un hombre entre mil he hallado." Esa parece ser la proporción en que se encuentra una persona notablemente justa.

En cualquier caso, sabemos por la conclusión de la historia que el Señor no encontró ni diez justos en la ciudad, e hizo llover sobre ella "fuego y azufre" (Génesis 19: 24).

Otro ejemplo bíblico de intercesión fue cuando Moisés oró por el pueblo de Israel después de que hicieron un becerro de oro para adorarlo. En Éxodo 32 leemos que Moisés había subido al Monte Sinaí para encontrarse con Dios y recibir el pacto. Pero cuando se ausentó por unos cuarenta días el pueblo tomó una decisión: "Levántate –le dijeron a Aarón– haznos dioses que vayan delante de nosotros, porque a este Moisés, el varón que nos sacó de la tierra de Egipto, no sabemos qué le haya acontecido. Necesitamos un Dios." Entonces Aarón tomó todas sus joyas de oro, los fundió e hizo un becerro de oro y el pueblo comenzó a danzar alrededor y a adorarlo.

Moisés estaba con el Señor en la cumbre del monte cuando el mismo Dios interrumpió la conversación y le dijo: "Moisés, debes enterarte de lo que ocurre allá abajo." Luego sigue una conversación entre los dos que en cierto sentido podríamos decir que es graciosa. Ni Dios ni Moisés quieren aceptar la responsabilidad de Israel. Cada uno señala al otro como responsable del pueblo. A mí me encanta la belleza de este texto en la Versión Reina-Valera:

> *Entonces el Señor le dijo a Moisés: Anda. Desciende, porque tu pueblo que sacaste de la tierra de Egipto se ha corrompido, pronto se han apartado del camino que yo les mandé; se han hecho un becerro de fundición, y lo han adorado... Dijo más el Señor a Moisés: Yo he visto a este pueblo, que por cierto es pueblo de dura cerviz. Ahora, pues, déjame que se encienda mi ira en ellos, y los consuma; y de ti yo haré una nación grande.*
> Éxodo 32: 7 – 10.

Quiero que note que de acuerdo con el relato bíblico, Dios no actuaría contra su pueblo a menos que Moisés lo consintiera. Lo que el Señor le dijo fue: "Apártate y permíteme a mí tratar con esta gente. Mira Moisés, yo los puedo castigar y todavía cumplir con mi promesa a Abraham, Isaac y Jacob. Sencillamente te uso a ti para rehacer esta gran nación."

¿No apelaría eso a *su ego*? Seguro que yo sí. Moisés pudo haber dicho: "Sí, Señor. Borra este pueblo de la faz de la tierra después de que todos ellos no han sido más que una carga para mí desde el día que los saqué de Egipto. Empieza de nuevo conmigo y seré el gran antepasado o predecesor de este pueblo."

Pero eso no fue lo que hizo Dios. "Entonces Moisés oró en presencia del Señor su Dios, y dijo: Oh Señor, ¿por qué se encenderá tu furor contra este pueblo que tú sacaste de la tierra de Egipto con gran poder y con mano fuerte?" (Versículo 11). En otras palabras, "Señor, no es mi pueblo; ¡es tuyo! ¡Yo no puedo manejarlo! Tú eres el Único que puede tratar con él."

Entonces este humilde hombre de oración asumió su tarea. En primer lugar declaró que su interés máximo era la gloria de Dios. Como Dios fue quien los sacó de Egipto –argumentó–, si los destruía, los egipcios dirían que los había sacado con mala intención. Luego le recordó a Dios sus promesas y su pacto.

Acuérdate de Abraham, de Isaac y de Israel tus siervos, a los cuales has jurado por ti mismo, y les has dicho: Yo multiplicaré vuestra descendencia como las estrellas del cielo; y daré a vuestra descendencia toda esta tierra de que he hablado, y la tomarán por heredad para siempre. Entonces el Señor se arrepintió del mal que dijo que había de hacer a su pueblo.
Versículos 13 – 14

Habiendo detenido la mano del Señor, Moisés descendió al pie de la montaña, trató con el pueblo, y luego subió otra vez.

Entonces volvió Moisés al Señor, y dijo: Te ruego, pues este pueblo ha cometido un gran pecado, porque se hicieron dioses de oro, que perdones ahora su pecado, y si no, ráeme ahora de tu libro que has escrito.
Versículos 31 – 32

En esta interacción vemos el corazón de Moisés; un corazón de oración, súplica e intercesión fervientes que clama: "Dios, este pueblo ha pecado lastimosamente. Merece el golpe de tu mano. Yo te pido que tengas misericordia de él. Si no, Señor, que tu juicio caiga sobre mí."

El Salmo 106 nos hace un comentario sobre este incidente:

> *Hicieron becerro en Oreb, se postraron ante una imagen de fundición, así cambiaron su gloria por la imagen de un buey que come hierba. Olvidaron al Dios de su salvación, que había hecho grandezas en Egipto. Maravillas en la tierra de Cam, cosas formidables sobre el Mar Rojo. Y trató de destruirlos, de no haberse interpuesto Moisés su escogido delante de él. A fin de apartar su indignación para que no los destruyese.*
>
> Versículos 19 – 23

Cuando el pecado de alguien ha causado una brecha con Dios, el intercesor se para frente a Dios y le dice: "Señor, me estoy poniendo en medio. Tu golpe no puede caer sobre él a menos que caiga primero sobre mí." Este ejemplo también nos muestra la posición del intercesor suplicante que clama por misericordia, como lo veremos en un momento.

Esta no es la única forma de intercesión, pero es la máxima. El intercesor centra su atención en Dios. No se enfoca en el problema ni en lo que el ser humano puede o no puede hacer. Cuando no se encuentra un intercesor dentro del pueblo de Dios, ello es señal de nuestra irresponsabilidad ante Dios y ante nuestros congéneres humanos.

La historia de Job, quien ora por su familia, es otro ejemplo.

> *E iban sus hijos y hacían banquetes en sus casas, cada uno en su día; y enviaban a llamar a sus tres hermanas para que comiesen y bebiesen con ellos. Y acontecía que habiendo pasado en turno los días del convite, Job enviaba y los santificaba, y se levantaba de mañana y ofrecía holocaustos conforme al número de todos ellos. Porque decía Job: Quizá habrán pecado mis hijos, y habrán blasfemado contra Dios en sus corazones. De esta manera hacía todos los días.*
>
> Job 1: 4 – 5

Eso es intercesión. ¿Hasta dónde podemos aceptar responsabilidad por los pecados de otras personas? No creo que la mente humana pueda dar una conclusión final al respecto. Pero en la intercesión debemos aceptar responsabilidad por los pecados de otros. Eso fue lo que Job hizo con sus hijos e hijas cuando le dijo a Dios: "Voy a ofrecer este sacrificio por si acaso ellos han pecado." Y se levantaba temprano en la mañana para hacerlo.

Cuando reflexiono sobre la intercesión colectiva pienso en las personas que se reúnen para ofrecer sacrificios en representación de todo el cuerpo de la iglesia, poniéndose en pie como sus representantes ante Dios y diciendo: "Estamos aquí por nuestra congregación. Si alguno ha pecado, Señor, te ofrecemos sacrificio. Si quieres hablar al cuerpo, Señor, no están todos aquí. Pero estamos nosotros."

Usted podría pensar que Job no logró mucho con sus sacrificios pues todos sus hijos e hijas murieron en un momento. Pero yo quiero señalarle algo que para mí es tremendamente emocionante para aquellos de nosotros que hemos perdido algunos seres queridos. Si sigue leyendo el texto verá que al final el libro dice que después de que Job hubo pasado la prueba, Dios le dio exactamente el doble de todo lo que tenía antes.

> *Y bendijo el Señor el postrer estado de Job más que el primero; porque tuvo catorce mil ovejas [anteriormente tenía siete mil], seis mil camellos [antes tenía sólo tres mil], mil yuntas de bueyes y mil asnas [antes tenía quinientas yuntas y quinientas asnas], y tuvo siete hijos y tres hijas.*
>
> Job 42: 12 – 13

Sin embargo, no le dio el doble de hijos e hijas sino que le dio siete hijos y tres hijas, el mismo número que tenía antes. ¿Cuál es el mensaje implícito? Que Job no había perdido sus hijos e hijas anteriores. Sólo habían partido al cielo antes que él. Si usted perdió un ser amado o está a punto de perderlo, recuerde bien esto. Los sacrificios de Job por sus hijos e hijas sí produjeron resultados benéficos. Dios no tuvo que doblar el número de ellos porque los primeros seguían viviendo en la eternidad.

Si usted está orando por su familia –y la mayoría de nosotros necesita interceder por algún pariente– ¡cobre ánimo! Levántese temprano en la mañana y ofrezca el sacrificio de adoración apropiado. Y confíe en Dios para los resultados.

Cuando yo me convertí era el único miembro de la familia que había nacido de nuevo. Mi familia era buena gente pero no eran cristianos. Oré durante muchos años por mis padres y tuve la alegría de llevar a mi madre al Señor cuando ya sufría el mal de parkinson. Quizá fue el último momento en que ella pudo realmente entender y responder. Y ocurrió un milagro, porque cuando le pedí que orara levantó sus manos. En primer lugar, ella no podía levantarlas por su enfermedad, y segundo, jamás las había levantado hacia Dios, créame.

En una ocasión, poco después de mi conversión, estaba acostado en la cama y comencé a cantar en lenguas desconocidas. No tenía idea de por qué estaba orando pero el Señor me dio la interpretación. Mi oración fue: "Señor, salva a mi padre." Para mí fue una tremenda alegría porque no estaba ni siquiera pensando en mi padre en ese momento; eso no ocurrió en mi mente consciente. Tengo que confiar en el Señor que sí lo salvó. Si lo hizo, ¡fue un milagro! Mi padre era un hombre bueno pero religioso. No conocía la gracia de la salvación.

Permítame darle un ejemplo más de intercesión. Es un pequeño cuadro en el Evangelio de Lucas acerca de la profetisa Ana.

Estaba también allí Ana, profetisa, hija de Fanuel, de la tribu de Aser, de edad muy avanzada, pues había vivido con su marido siete años desde su virginidad, y era viuda hacía ochenta y cua-

tro años; y no se apartaba del templo, sirviendo de noche y de día con ayunos y oraciones. Ésta, presentándose en la misma hora, daba gracias a Dios, y hablaba del niño a todos los que esperaban la redención en Jerusalén.

Lucas 2: 36 – 38

Este llegó a ser para mí un cuadro muy vívido. La querida anciana nunca abandonaba el templo de día ni de noche. Pasaba la mayor parte del tiempo ayunando. ¿Quién era ella? Una intercesora. ¿Por qué estaba en el templo cuando pudo haber orado en su propia casa? Estaba representando a su pueblo delante de Dios. Estaba allí en representación de Israel clamando a Dios por su redención. Y Dios recompensó esos muchos años de oración al permitirle ver al Redentor y reconocerlo.

En cierta manera, la vida de intercesión es una vida escondida. No está muy expuesta a la vista pública. Pero mueve la mano de Dios.

¿Qué le parece todo esto? ¿Está usted dispuesto a considerar la responsabilidad de ofrecerse a Dios como un intercesor? A continuación le presento cuatro cualidades que yo veo en cada intercesor bíblico. Pienso que todas estas son bien evidentes.

Primero, un intercesor debe tener una convicción absoluta de la misericordia de Dios, pero también debe estar absolutamente convencido que Dios juzgará a los malos. No hay lugar para una religión *aguada* que piensa que Dios es demasiado amable para juzgar el pecado. Cualquiera que piense así no califica para ser intercesor. Un intercesor debe tener una visión tan clara como el cristal, de la absoluta justicia de Dios y la certeza de que ella es inevitable.

Segundo, debe tener un profundo interés por la gloria de Dios. Por eso –recuérdelo bien– Moisés rehusó dos veces la oferta de ser el predecesor del pueblo más ilustre de toda la tierra. Dijo Moisés: "Oh Dios, eso no sería para gloria tuya. ¿Qué dirían los egipcios de tu carácter?"

Tercero, creo que tal persona debe tener una íntima familiaridad con Dios. Un intercesor es alguien que puede estar delante de Dios y hablar con él con la mayor franqueza, aunque con reverencia.

Y finalmente, ser intercesor necesita osadía y determinación. Si usted quiere serlo debe estar dispuesto a arriesgar su vida. Aarón fue este tipo de intercesor cuando tomó el incienso y se interpuso entre la plaga que Dios había enviado y el pueblo que Dios pretendía destruir con ella (ver Números 16: 42 – 48). Como intercesor, usted dice: "Corro el riesgo de morir, pero me voy a parar aquí."

Súplica

El siguiente instrumento en la sinfonía de la oración es la *súplica*. La súplica es algo difícil de hacer para algunas personas. Cuando usted suplica, es un suplicante, y hay sólo una cosa que pide: misericordia. Y a menudo la misericordia está ligada a la intercesión.

Miremos dos pasajes que describen lo anterior. Zacarías 12: 10 (NKJV) es una profecía dirigida a Israel. El Señor dijo: "Y derramaré sobre la casa de David y sobre los moradores de Jerusalén el espíritu de gracia y de súplica."

Note el orden de los elementos: primero gracia, luego súplica. Si usted dice: "Dios, quiero acudir a ti con esta súplica," el Señor va a responder: "No puedes hacerlo, no te he dado la gracia." Realmente no se puede elevar a Dios oración de algún valor sin su gracia. Si no se inicia en la gracia de Dios, carece de valor.

La otra parte de este mismo versículo de Zacarías 12: 10, dice: "Y mirarán a mí, a quien traspasaron, y llorarán como se llora por hijo unigénito, afligiéndose por él como quien se aflige por el primogénito."

Este versículo describe el punto crucial en el trato de Dios con Israel. Es el punto en el cual se arrepiente y reconoce al Mesías, y esto ocurre por el Espíritu de gracia y de súplica.

Dios es muy lógico. Mire usted; cuando el Padre envió a Jesús a Israel, éste lo rechazó como nación. Sin embargo, Dios no rechazó a su pueblo; les envió el Espíritu Santo. Pero cuando rechazaron al Espíritu Santo no hubo nada más que él pudiera hacer. Esa fue su última decisión en contra de Dios. Jesús les dijo: "Ustedes pueden blasfemar contra el Hijo y les será perdonado, pero no pueden hacerlo contra el Espíritu" (ver Mateo 12: 31).

Ahora bien, menciono esto porque estamos viendo que la situación en Israel empieza a cambiar. Hay un proceso de restauración que se mueve en el orden inverso. Muchos cristianos piensan que el pueblo judío se enfrentará primero a Jesús. ¡Oh, no! Primero serán movidos por el Espíritu Santo quien les revelará a Jesús. Este proceso ya empezó. Observarlo es en realidad bastante cómico porque Dios se les está entrando por el lado ciego. He hablado con muchas personas judías sobre esta situación. Se requiere una cierta sabiduría para saber el punto en donde debemos dejar de hablar y permitir que el Espíritu Santo termine.

Hebreos 4 nos muestra otro hermoso cuadro de súplica que ya hemos visto antes. La carta a los Hebreos fue escrita, por supuesto, para creyentes judíos. "Acerquémonos, pues, confiadamente al trono de la gracia, para alcanzar misericordia y hallar gracia para el oportuno socorro" (Hebreos 4: 16).

Dios está sentado en un trono, pero es un trono de gracia. ¿Y para qué acudimos allí? *Para alcanzar misericordia y hallar gracia para el oportuno socorro.* Si usted tiende a sentirse abrumado por una situación particularmente grave y piensa que ya no hay nada que hacer, entonces escuche lo que dice el Señor: "El tiempo de necesidad es el tiempo de venir a mí."

Yo estoy convencido de que las únicas personas que no reciben misericordia y gracia son las que no se acercan al trono de Dios. No ven su propia necesidad. Están cegadas por su propia justicia y su religiosidad. Pero si pudiéramos ganar la misericordia de Dios no la necesitaríamos. Recibimos cuando acudimos.

Mandato

El instrumento de mandato nos lleva a un área diferente: a hablar con seguridad y autoridad.

Josué capítulo 10 es un buen punto para comenzar. Este pasaje escritural nos describe una escena en medio de una batalla. Los Israelitas derrotaban a sus enemigos cuando estaba oscureciendo. Si no terminaban antes de que llegara la noche no podrían acabar con ellos.

"Entonces Josué habló al Señor el día en que el Señor entregó al amorreo delante de los hijos de Israel, y dijo en presencia de los Israelitas: Sol, detente en Gabaón; y tú luna, en el valle de Ajalón. Y el sol se detuvo y la luna se paró, hasta que la gente se hubo vengado de sus enemigos. ¿No está escrito esto en el libro de Jaser? Y el sol se paró en medio del cielo y no se apresuró a ponerse casi un día entero. Y no hubo día como aquel, ni antes ni después de él, habiendo atendido el Señor a la voz de un hombre; porque el Señor peleaba por Israel.

Versículo 12 – 14

Esa es la *oración de mandato* dirigida al Señor. Podemos hablar a las situaciones y circunstancias y decirles cómo comportarse pero no obtendremos resultados a menos que primero hayamos contactado al Señor, y segundo, que hayamos recibido la unción para expresar tal oración.

Un ejemplo en el Nuevo Testamento es el incidente de la higuera que Jesús maldijo. Hay en los evangelios dos versiones de esta historia. Aquí tiene la primera.

Por la mañana, volviendo a la ciudad, tuvo hambre. Y viendo una higuera cerca del camino, vino a ella, y no halló nada en ella, sino hojas solamente; y le dijo: Nunca jamás nazca de ti fruto. Y luego se secó la higuera. Viendo esto los discípulos, decían maravillados: ¿Cómo es que se secó en seguida la higuera? Respondiendo Jesús, les dijo: De cierto de cierto os digo, que si tuviereis fe, y no dudareis, no sólo haréis esto de la higuera,

*sino que si a este monte dijereis; Quítate y échate
en el mar, será hecho. Y todo lo que pidiereis en
oración, creyendo, lo recibiréis.*

Mateo 21: 18 – 22

Note que hay aquí dos maneras de usar las palabras
de mandato. Una es hablar a las cosas en nombre de
Dios; la otra es hablar a Dios en nombre de las cosas.
Jesús *no oró por* la higuera, y *tampoco le oró a* la higuera,
lo cual hubiera sido idolatría. *Le habló* a la higuera en
nombre de Dios. Esto no fue una oración. Sencillamente
le dijo lo que debía hacer, y la higuera lo hizo.

Entonces, de acuerdo con la guía del Espíritu Santo
podemos hablarle a las cosas en nombre de Dios (como
Jesús lo hizo con la higuera), o hablarle a Dios en nombre de una cosa, que es lo que normalmente llamamos
oración.

El mismo incidente se registra en Marcos 11, pero
hay aquí una verdad adicional que Jesús reveló, la cual
es la clave para comprender todo lo demás.

*Y pasando por la mañana, vieron que la higuera
se había secado desde las raíces. Entonces Pedro,
acordándose, le dijo: Maestro, mira, la higuera
que maldijiste se ha secado. Respondiendo Jesús,
les dijo: Tened fe en Dios.*

Marcos 11: 20 – 22

La traducción literal es: "Tengan la fe de Dios." La
oración de mandato es la fe de Dios expresada en las
declaraciones, de ahí que tiene tanta autoridad como si
Dios mismo la hubiera expresado. Siendo que estas pa-

labras son inspiradas por el Espíritu de Dios, en cierto sentido son expresiones o mandatos dados por Dios.

La Escritura afirma que nosotros podemos emplear hoy esas palabras de mandato.

La oración eficaz del justo puede mucho. Elías era hombre sujeto a pasiones semejantes a las nuestras, y oró fervientemente para que no lloviese, y no llovió sobre la tierra por tres años y seis meses. Y otra vez oró, y el cielo dio lluvia, y la tierra produjo su fruto.

Santiago 5: 16 – 18

En otras palabras, mediante la oración ferviente usted y yo podemos hacer lo mismo. El mismo poder está a disposición nuestra.

Los siguientes son dos ejemplos de nuestros días. Quizá usted nunca haya oído hablar de un hermano llamado Howard Carter. Su historia se remonta a los primeros días del movimiento pentecostal en Gran Bretaña. Fue un escritor y fundó el primer instituto bíblico pentecostal en Londres.

En la Primera Guerra Mundial, Howard fue un acusador de la conciencia pública y fue a parar a la cárcel por ello. La prisión era un lugar húmedo donde el agua se filtraba por el techo. Un día estaba acostado en su cama cuando empezó a caerle agua desde el cielo raso. Entonces apuntó su dedo hacia allí, y dijo: "Te ordeno que te detengas, en el nombre de Jesús." Y así ocurrió.

Esta es la otra historia. En Zambia, una niña africana se dirigía en bicicleta hacia el lugar donde realizábamos una reunión. Hay muchísimos hormigueros en Zambia, a unos siete o diez metros de altura, que son también guarida de serpientes. Cuando la niña se acercaba a uno de esos hormigueros, una cobra grande y negra salió de su hueco y se dirigió hacia ella. La niña se detuvo temblando aterrorizada. Pero entonces el Espíritu de Dios vino sobre ella, y dijo: "En el nombre del Señor Jesucristo vuelve a tu hueco."

La cobra se detuvo y volteó su cabeza hacia el hormiguero pero permaneció inmóvil. La niña le habló otra vez: "No; te dije que vuelvas a tu hueco." En ese momento la víbora dio vuelta y se metió otra vez. Cuando llegó a nuestra reunión todavía temblaba. En ese mandato el poder de Dios se perfeccionó en la debilidad.

Este instrumento de oración es especialmente apropiado cuando obedecemos el mandato del Señor de echar fuera demonios (ver Marcos 16: 17).

Entrega

Es muy importante entender el siguiente instrumento, *la oración de entrega*. Tal como ocurre con la oración de petición, a veces la manera de orar por una cosa es dejar de orar por ella.

Aquí tenemos una oración de entrega. Usted sabe que la primera parte de este versículo de los Salmos fue citado por Jesús cuando colgaba de la cruz: "En tu mano encomiendo mi espíritu; tú me has redimido, oh Señor, Dios de verdad" (Salmo 31: 5).

Hay ocasiones cuando nuestra mejor decisión es entregar nuestra situación al Señor y sencillamente sacar nuestras manos del asunto. Recuerdo la primera vez que prediqué en Dinamarca. Fue en 1947 y estaba allí solo. Lydia, mi primera esposa, estaba todavía en Jerusalén. A mí me estaban presentando en todas partes como su esposo, y por razón de su posición prestigiosa y el interés que suscitaba su experiencia de haber nacido de nuevo, era muy importante que la gente danesa tuviera una buena impresión de mí, por el bien de ella.

Cuando conocí a quien sería mi intérprete me di cuenta que no entendía la mitad de lo que yo le decía. Yo no podía imaginar qué iba a hacer en tal situación. Entonces pensé: *no hay nada que hacer.* Así que desesperado dije: "Señor, en tus manos encomiendo mi espíritu."

No tengo idea de lo que ocurrió en aquel momento pero tuvimos una extraordinaria reunión. Nunca supe si el hombre realmente interpretó lo que dije, o si dijo lo que quiso, pero los resultados fueron maravillosos. Yo tuve que sacar mis manos de la situación. No había nada más que pudiera hacer.

El Salmo 37: 5, un versículo muy conocido, nos anima de esta manera: "Encomienda al Señor tu camino, y confía en él; y él hará." El texto hebreo en realidad dice: *Entrega tu camino al Señor.* Esto fue claro para mí cuando estuve trabajando con algunos estudiantes en África oriental. A veces se nos acababa el arroz y no teníamos nada para la cena. Entonces conducía mi camioneta al centro de la ciudad y compraba dos sacos de arroz, que pesaban, si mal no recuerdo, doscientas veinte libras cada uno.

Una de las cosas con las cuales tenía que luchar en nuestra escuela en África era que los jóvenes, cuando empezaban a recibir educación, pensaban que el trabajo físico era degradante. Queriendo mostrarles que no es así tomaba los sacos de arroz, los ponía sobre mi espalda y los llevaba a la cocina. Pero es curioso que cuando se trata de algo pesado, es más fácil cargarlo que descargarlo. Yo aprendí el secreto: dejarlo rodar, es decir, entregarlo.

Eso es lo que el Señor dice en este versículo. Cuando su camino se le haga demasiado pesado y ya no pueda con él, entrégueselo al Señor y él se hará cargo. La entrega es un acto determinado. Una vez que usted entrega algo no debe volver atrás para ver si la cosa funciona. Confía. Es como entregarle dinero al banco mediante un depósito en su cuenta. Una vez que obtiene su recibo no regresa a los treinta minutos para ver si el banco sabe qué hacer con su dinero. Lo entregó y lo confió al banco. Ocurre lo mismo con el Señor; si le entrega alguna cosa, déjela en sus manos y confíe en él.

Recuerdo que hace años en Irlanda un primo mío de tan solo seis años de edad sembró unas papas en cierta ocasión. Estaba tan ansioso por verlas crecer que todos los días las desenterraba. Nunca tuvo cosecha. Y muchos cristianos son como él. Siembran sus papas y luego las desentierran para ver si están creciendo. Si usted entrega, tiene que confiar. Y mientras confía, el Señor cuida lo que le entregó.

Dedicación

El siguiente instrumento es dedicación y es similar a la *oración de entrega*. En ambos casos le damos al Señor el objeto de nuestra oración, pero en la dedicación somos nosotros mismos los que nos entregamos a él. En la oración de dedicación nos separamos para Dios, elegimos consagrarnos o santificarnos para una obra o un llamamiento particular que Dios nos asigna.

Encontramos un ejemplo al respecto en Juan 17: 9 que hace parte de lo que llamamos la oración de Jesús como Sumo Sacerdote. Hablando de la relación con sus discípulos y con el Padre, dijo: "Por ellos yo me santifico a mí mismo, para que también ellos sean santificados en la verdad." Si escogemos apartarnos para Dios, entonces, como Jesús, le pertenecemos. Estamos en sus manos y no nos es permitido hacer lo que queremos.

Jesús dijo en Juan 10: 36 que el Padre lo había santificado y lo había enviado al mundo. ¿Cómo santificó el Padre a Jesús? Desde luego que no fue haciéndolo santo, porque ya lo era. Más bien lo separó para una obra que nadie más podía realizar. Entonces, en este punto Jesús estaba diciendo: "Yo me santifico a mí mismo. Me aparto para la obra para la cual Dios ya me apartó."

En lo relacionado con la santificación, la iniciativa siempre proviene de Dios. Usted no se puede santificar para alguna cosa para la que Dios no lo ha santificado. Tiene que descubrir para qué lo ha apartado Dios, y entonces apartarse usted mismo para ese objetivo respondiendo con su propia voluntad. Me asombra ver que una multitud de cristianos nacidos de nuevo nunca hayan descubierto esta verdad. Dios nos ha apartado pero esa separación sólo es efectiva cuando nosotros mismos nos apartamos para su propósito. Usted no tiene que hacerlo forzosamente; es algo voluntario. Pero recuerde que la Biblia no le da licencia para hacer un voto y luego retractarse.

Persistencia

El Señor Jesús enseñó a sus discípulos a usar el instrumento de la persistencia.

Les dijo también: ¿Quién de vosotros que tenga un amigo, va a él a la medianoche y le dice: Amigo, préstame tres panes, porque un amigo mío ha venido a mí de viaje, y no tengo qué ponerle delante; y aquél, respondiendo desde adentro, le dice: No me molestes; la puerta ya está cerrada, y mis niños están conmigo en cama; no puedo levantarme, y dártelos? Os digo, que aunque no se levante a dárselos por ser su amigo, sin embargo por su importunidad se levantará y le dará todo lo que necesite.

Lucas 11: 5 – 8

En otras palabras, usted persiste en tocar a la puerta y le hace saber a su amigo que no va a poder dormir esa noche hasta que se levante y le dé el pan que le pide. Jesús elogió ese tipo de persistencia.

Y yo os digo: Pedid, y se os dará; buscad, y hallaréis; llamad, y se os abrirá. Porque todo aquel que pide, recibe; y el que busca, halla; y al que llama, se le abrirá.

Versículos 9 – 10

Esta es bastante diferente a la *oración de petición*, la cual recibe lo que pide aunque a menudo se requiere perseverancia para "mantenerse conectado." En ese caso usted ora, recibe, y dice: "Gracias, Señor." Eso es todo. Pero en este otro caso de oración *persistente* usted

108

toca o llama a la puerta y sigue haciéndolo de manera continua hasta que ésta se abre.

Supe de una misionera surafricana que quiso abrir en Mozambique una misión protestante. En ese tiempo el país estaba bajo dominio de Portugal y era casi totalmente católico. Pidió permiso al Concejo de gobierno, pero se lo negaron. Lo pidió otra vez y obtuvo otra negativa. Y así continuó vez tras vez con el mismo resultado. ¿Sabe cuántas veces presentó su solicitud? ¡Treinta y tres veces! Y en la trigésima tercera ocasión le dieron el permiso. Eso es pedir, y persistir pidiendo.

El libro de los Hechos, en el capítulo 12, nos da un ejemplo de oración persistente por parte de la iglesia del primer siglo. El rey Herodes había ejecutado al apóstol Jacobo, hermano de Juan. Luego procedió a arrestar a Pedro para ejecutarlo también después de la Pascua. En ese momento la Iglesia en Jerusalén se dedicó a la oración fervorosa y persistente por Pedro. A veces Dios no obra en respuesta a la oración de un solo individuo. Se requiere la *oración colectiva* de un grupo de creyentes que oran en unidad.

"Así que Pedro estaba custodiado en la cárcel; *pero* la Iglesia hacía sin cesar oración a Dios por él" (Hechos 12: 5). Note la palabra *pero*. Ese *pero* cambió el curso de los acontecimientos. La oración colectiva de la Iglesia unida abrió la puerta para la intervención de un ángel enviado por Dios quien sacó al apóstol de la prisión.

De esta manera la oración de la Iglesia a favor de Pedro fue contestada, pero Dios todavía tenía que arreglar cuentas con el rey Herodes.

En los últimos versículos del capítulo 12, Lucas nos muestra a Herodes vestido de sus ropas reales hablándole al pueblo de Tiro y de Sidón. Al final del discurso la gente lo aplaudió y gritó: "Esta es la voz de Dios, no de un hombre" (versículo 22). Envanecido por su éxito el rey aceptó el aplauso. El relato concluye diciendo que "al momento un ángel del Señor lo hirió por cuanto no dio la gloria a Dios. Y expiró comido de gusanos" (versículo 23).

Miremos otra vez el resultado de la oración persistente de la Iglesia. Todo lo que había estado resistiendo la Palabra y el propósito de Dios fue vencido y Herodes sufrió una muerte penosa, vergonzosa y miserable. Note que fue la intervención de un ángel la que acabó con su vida. ¿Qué provocó la intervención angélica dos veces en esta historia? La oración de la Iglesia.

Así que a la luz de todo esto, hagámonos la pregunta: ¿Quién gobernaba realmente, Herodes o la Iglesia? La respuesta es: Herodes ocupaba el trono, pero la Iglesia gobernaba, en este caso, mediante oración persistente.

Si usted cree realmente que va a lograr lo que pide, el proceso no se detiene. La única forma en que puede perder es dándose por vencido.

Puesto que muchas oraciones de persistencia –y también de peticiones– involucran algunos aspectos de sanidad, quiero mencionar aquí la diferencia entre la realización de milagros y las sanidades porque son diferentes. Los milagros en realidad van mucho más allá de las sanidades.

A manera de ejemplo menciono algo que ha ocurrido más de una vez en mi ministerio. Si una persona tiene una afección en la parte intermedia de su sistema auditivo podemos orar por ella y será sanada. Pero si a alguien le han extirpado esa parte mediante cirugía, no podemos sanar un miembro que ya no existe. Sin embargo, un milagro puede crear esa parte del oído.

Recuerdo dos ocasiones diferentes en las que tal cosa ocurrió. Una vez un hombre se me acercó y me dijo: "Ore por mi oído." Gracias a Dios no le pregunté cuál era el problema, sino que oré. Pocos días después volvió y me dijo: "Estoy sano."

"¿De qué fue sanado?" –le pregunté.

"Yo no tenía oído medio –me respondió–. Ahora lo tengo. Fui al médico, me examinó, y tengo mi oído normal." Eso es un milagro que es mucho más que una sanidad."

Otra diferencia es también que los milagros son generalmente instantáneos y visibles, mientras que las sanidades tienden a ser invisibles y graduales. Algunas personas vienen para ser sanadas y si no obtienen un milagro –es decir, visible e instantáneo– piensan que nada ha ocurrido. Pero puede ser que están recibiendo una sanidad. Es muy importante entender esto porque si lo que se está recibiendo es una sanidad, todo depende de la manera en que se responde.

Suponga que usted acude en busca de oración y Dios lo toca, pero no obtiene completa sanidad. Si se va y dice: "Nada ocurrió," lo que ha hecho es asegurar que nada ocurrirá.

Un milagro generalmente ocurre por un simple acto de fe. Si quiere estudiar a un hombre que realizó una gran cantidad de milagros, mire al profeta Eliseo. Casi todos los milagros que realizó ocurrieron por un acto de fe casi ridículo. Por ejemplo, había un manantial en las afueras de Jericó cuya agua era insalubre. Entonces tomó sal, la arrojó dentro del arroyo, y dijo: "Así ha dicho el Señor: Yo sané estas aguas." Bien, todo el mundo sabe que la sal no purifica el agua. Pero usted puede ir a ese manantial aún hoy, más de dos mil años después de la acción del profeta, y encontrará que sus aguas todavía son potables. La sal no sanó el manantial pero el pequeño acto de fe provocó la acción del poder de Dios en él (ver 2º de Reyes 2: 19 – 22).

Bendición

Las últimas dos oraciones en nuestra sinfonía son *bendición y maldición*. Aquí tiene una oración bíblica de bendición que quizá le es conocida.

> *Habla a Aarón y a sus hijos y diles: Así bendeciréis a los hijos de Israel, diciéndoles: El Señor te bendiga, y te guarde; el Señor haga resplandecer su rostro sobre ti, y tenga de ti misericordia; el Señor alce sobre ti su rostro, y ponga en ti paz.*
>
> Números 6: 23 – 26

Aquí tiene seis bendiciones que puede expresar en oración por alguien que quiera bendecir: (1) El Señor te bendiga, (2) te guarde; (3) haga resplandecer su rostro sobre ti, (4) tenga de ti misericordia; (5) alce sobre ti su rostro, (6) ponga en ti paz. Cuando leí estas bendiciones me quedé pensando que seis no es un número perfecto, *que debía haber más*. Entonces Dios me mostró esto en el versículo siguiente: "Y pondrán mi nombre sobre los hijos de Israel, y yo los bendeciré." Esa es la séptima bendición. Poner su nombre sobre ellos los hace completos.

Padres, así pueden bendecir a sus hijos: pueden poner el nombre del Señor sobre ellos todos los días cuando van a la escuela o a sus diversas actividades, y él los guardará. ¡Qué privilegio es poder bendecir!

Maldición

El otro lado de la bendición es la maldición. La mayoría de los cristianos no somos conscientes de que se nos ha encargado maldecir. Pero permítame decir inicialmente que esta no es una licencia para causar destrucción donde usted quiera.

Volvamos a la historia en Mateo 21 donde Jesús no encuentra en la higuera fruto, sólo hojas. Gran cantidad de planes y programas y otras cosas que vemos hoy parecen producir fruto, pero cuando se miran de cerca, en realidad no producen ninguno. Jesús no fue indiferente al respecto. Él no dijo: "Bueno, no hay nada que hacer." Lo que dijo fue: "Nunca jamás nazca de ti fruto." Como ya lo vimos antes, a la mañana siguiente, cuando pasaron otra vez junto a la higuera, ésta se había secado de raíz. Los discípulos estaban impresionados, y esto es lo que les dijo Jesús:

> *"Respondiendo Jesús, les dijo: De cierto os digo, que si tuviereis fe, y no dudareis, no sólo haréis esto de la higuera, sino que si a este monte dijereis: Quítate y échate en el mar, será hecho.*
>
> Mateo 21: 21

Ahora bien, todos nosotros nos enfocamos en la remoción del monte, pero Jesús dijo que también podemos hacer lo que él le había hecho a la higuera. ¿Y qué fue lo que le hizo? Maldecirla.

A finales de la década del 60 yo hacía parte del equipo de líderes de una iglesia en el centro de Chicago. Estaba situada en una esquina a continuación de una licorería. Este era un lugar de maldad, un centro de prostitución, de expendio de drogas y de borracheras.

Una noche durante una reunión de oración yo estaba en la plataforma y de repente algo vino sobre mí, me puse de pie, y dije: "Señor, yo maldigo esa licorería en el nombre de Jesús." Luego olvidé el asunto.

Eso ocurrió en octubre. Poco antes de Navidad, Lydia y yo recibimos una llamada a las cuatro de la mañana. Una querida hermana de la iglesia estaba en la línea, y me dijo: "Hermano Prince, ¡la iglesia se está quemando!" En esa época del año la temperatura exterior era de varios grados bajo cero. Debo decir que ni Lydia ni yo nos sentimos muy motivados a salir a la calle a esa hora. Con desgano nos metimos al carro y nos dirigimos a la iglesia.

Pudimos ver las llamas a tres cuadras de distancia. Pero al llegar nos dimos cuenta que no era la iglesia la que ardía sino la licorería. Sin embargo, la iglesia no estaba fuera de peligro. El viento del Lago Míchigan soplaba las llamas directamente hacia ella. Pero mientras estábamos allí tiritando, la dirección del viento cambió en ciento ochenta grados alejando el fuego de la iglesia.

Después de todo, el templo no sufrió daño, excepto los mínimos efectos de la acción del humo, pero la licorería quedó destruida. El jefe de los bomberos de Chicago le dijo a un anciano de la iglesia: "Ustedes deben tener una relación especial con el de allá arriba." Bueno, yo supe por qué se quemó la licorería: yo la había maldecido. Y le digo que eso no me hizo sentir orgulloso, sino que más bien me aterrorizó. Me di cuenta que de ahí en adelante debía tener cuidado con lo que decía.

Pero pienso que si el Espíritu de Dios lo impulsa a usted a utilizar este tipo de oración, ella puede promover el propósito de Dios. Jesús nunca fue indiferente ni neutral. Se decidía a favor o en contra y esperaba que todos obraran de igual manera.

Orar en fe

Jesús dijo que es necesario "orar siempre y no desmayar" (ver Lucas 18: 1 – 8). Pienso que Rut y yo descubrimos que esta es una de las grandes pruebas de aptitud para ocupar un lugar en la interpretación de la sinfonía divina. El carácter cristiano implica persistencia en la oración. No es cuestión de acudir a Dios con una lista de peticiones como si fuera una lista de compras. Eso difícilmente es oración. Recuerde que Jesús dijo que nuestro Padre sabe qué cosas necesitamos antes que le pidamos (Mateo 6: 8). Usted no tiene que decirle a Dios lo que necesita. Lo importante es que establezca una relación tal que cuando le cuente sus necesidades sepa que Dios las va a suplir.

Hay algunas cosas por las cuales yo he orado durante diez años y todavía no las he recibido. Cuando eso ocurre, uno se da cuenta si está orando en fe o en incredulidad. Si está orando en incredulidad probablemente diga: "He estado orando por diez años y nada ha ocurrido." Pero si está orando en fe, dirá: "La respuesta está diez años más cerca que cuando empecé a orar."

Tengo la esperanza que lo dicho hasta aquí haya creado en usted el deseo de aprender a tocar los diferentes instrumentos. Es maravilloso ser parte de esta divina sinfonía de oración. Jesús dijo que mientras usted ora en armonía con otros –bajo la batuta del Espíritu Santo y de acuerdo con la voluntad de Dios tal como está revelada en su Palabra– sus oraciones serán contestadas. Ahora vamos a aprender más sobre cómo conocer la voluntad de Dios respecto a nuestras oraciones.

5

Cómo Descubrir

la Voluntad de Dios

La palabra de Dios es viva y eficaz,
y más cortante que toda espada de dos filos.
Hebreos 4: 12

Si usted le pregunta a la gente "En su opinión, ¿cuáles son las personas más influyentes sobre la tierra?" supongo que le darían respuestas variadas. Probablemente piensan en los líderes políticos. O tal vez en los científicos o los militares.

Pero yo no creo que estos personajes sean la gente realmente más importante. Tal como yo lo entiendo, las personas más influyentes en el mundo son las que saben cómo hacer que sus oraciones tengan respuesta. Su importancia se debe a que ellas pueden provocar la acción omnipotente de Dios en las diversas situaciones de una manera que supera la acción más sabia o poderosa que un ser humano pueda realizar. Creo que cualquier cambio dramático para el bien de nuestro mundo –tomemos por ejemplo el restablecimiento de la libertad política en la Unión Soviética–, no ocurre por decisión de los políticos sino por el resultado de las oraciones del pueblo de Dios, el Reino de sacerdotes.

Si como creyentes en Cristo Jesús se nos ha encomendado tal autoridad, somos realmente negligentes si no la valoramos y hacemos uso de ella. Como un Reino de sacerdotes, nuestro mandato es gobernar la tierra. Podemos cambiar el curso de la historia y la parte esencial del asunto es conocer la voluntad de Dios.

"Ustedes deben orar así"

Si volvemos a Mateo capítulo 6, al Sermón del Monte, encontramos la oración que nos es tan familiar, conocida por todos como "el Padrenuestro" o la oración del Señor. Cuando Jesús dijo: "Ustedes deben orar así" no creo que quiso decir que siempre debemos usar exactamente las palabras que él expresó, aunque ciertamente son hermosas. Más bien creo que estableció un patrón o modelo, conciso pero completo, de la forma en que debemos orar.

Volvamos a los versículos 9 – 10 y descubramos los medios de orar eficazmente: "Padre nuestro que estás en los cielos, santificado sea tu nombre. Venga tu reino. Hágase tu voluntad, como en el cielo, así también en la tierra." Estas palabras contienen la clave para conocer la voluntad de Dios. Espero poder poner esta clave en sus manos y que ella le ayude a provocar la acción de la omnipotencia de Dios.

Padre nuestro, que estás en los cielos

Ante todo nos dirigimos a Dios como Padre: nuestro Padre en los cielos. Eso hace toda la diferencia. No estamos orando a una deidad remota o desconocida, o a una fuerza impersonal. Oramos a una Persona que ha decidido ser nuestro Padre a través de Jesucristo.

La concepción mecanicista del universo –la idea de que es el producto de una serie de explosiones de la materia– deja al ser humano solo, perdido en la vastedad de un universo que no comprende y que no puede controlar.

Cuando pienso en este tópico siempre recuerdo a un conocido conferenciante católico carismático, quien me contó que hace años estaba en uno de los barrios bajos de una gran ciudad en los Estados Unidos. Era tarde ya, y oscurecía. Un viento frío soplaba mientras él estaba parado en una esquina y se sentía solo y débil. Entonces se le ocurrió pronunciar una palabra dirigiéndola a Dios; repitió una y otra vez: "Padre, Padre, Padre." Mientras más repetía la palabra *Padre*, más fuerte y más seguro se sentía. El hecho sencillo de fortalecer su relación con el Dios Todopoderoso como su Padre cambió su perspectiva de la situación en ese momento.

Cuando joven estudié por varios años las diferentes teorías acerca del origen del universo. Nunca pude encontrar una que me satisficiera intelectualmente. Desesperado comencé a leer la Biblia pensando que al menos no podía haber una teoría más absurda que las que ya había conocido. No creía que la Biblia fuera divinamente inspirada o que tuviera algo de singular. Había planeado tratarla como a cualquier otro libro y leerla de principio a fin.

Tomé esa decisión en 1940 cuando entré al ejército de mi país. Fui reclutado por las Fuerzas Británicas para luchar en la Segunda Guerra Mundial mientras me desempeñaba como profesor de filosofía en la Universidad de Cambridge. Llevé entonces conmigo una Biblia con el propósito de leerla mientras estuviera en el ejército. Tuve tiempo suficiente porque, forzosamente, pasé los siguientes cinco años y medio en servicio. Siempre recuerdo el impacto que su lectura me produjo en la primera noche. Estaba en el alojamiento de la barraca junto con otros 24 reclutas nuevos. No pensé en ellos. Sencillamente me senté y abrí mi Biblia.

Los otros soldados empezaron a mirarme y cuando se dieron cuenta que leía la Biblia, un silencio incómodo se apoderó del recinto. Yo no podía creer que un libro pudiera producir tal efecto. Pienso que lo que más los frustró fue el hecho de que yo no vivía como vive quien lee regularmente la Biblia.

Sin embargo, a través de la lectura de la Biblia conocí a su Autor, y una vez que lo conocí, el libro me pareció maravillosamente lógico. Encontré en él las respuestas que no había hallado en la filosofía, y descubrí una descripción del principio de las cosas que era como una explicación personal. Cuando leí la historia de la creación del hombre en Génesis 1 – 3 comprendí lo que estaba ocurriendo en mi interior.

Mi filósofo preferido, a quien estudié extensamente, fue Platón. Leí en el idioma griego todo lo que escribió. Platón representaba el alma humana como un carro tirado por dos caballos: uno negro y uno blanco. El blanco trataba siempre de halar el carro hacia arriba; el negro lo tiraba hacia abajo. Yo sentí que este cuadro describía mi experiencia personal.

Cuando leí el relato del Génesis me di cuenta que el hombre proviene de dos fuentes: del polvo de la tierra, aquí abajo, y también del aliento del Dios Todopoderoso, allá arriba. Vi que en cada uno de nosotros hay una tensión entre lo que viene de arriba y lo que viene de la tierra. Pero Dios nos muestra en su Palabra la manera de resolver esta tensión y hacer que nuestras vidas sean armoniosas.

De ese momento en adelante tuve una visión del universo totalmente diferente. Cuando conocí al Dios de la Biblia llegué a comprender que hay un Padre y que el poder real detrás de todas las cosas es su amor. El único hecho inexplicable en el universo es el amor de Dios. La Biblia nos dice que Dios nos ama y yo comencé a entenderlo. Tenemos que recibirlo aunque jamás lo entendamos. El por qué Dios nos ama supera nuestra comprensión. Pero la buena noticia es que así es realmente.

Jesús dijo que cuando empezamos a orar a Dios, la primera palabra que debemos usar es *Padre*. En el original griego es también la primera palabra y después sigue la palabra *nuestro*. Si conocemos a Dios a través de Jesucristo, lo primero que hacemos al orar es acercarnos a él como Padre. La palabra *nuestro* es importante porque somos –la gran mayoría– supremamente centrados en nosotros mismos. Cuando oramos tenemos la tendencia a decir: "Señor, sáname; ayúdame; bendíceme." Jesús quiso recordarnos: "Ustedes no son los únicos hijos que Dios tiene. Tiene muchos otros hijos e hijas y todos son importantes para él. Cuida de tus hermanos y hermanas."

Santificado sea tu nombre

Esta petición, *santificado sea tu nombre*, expresa una actitud de reverencia y adoración. Después de reconocer a Dios como Padre debemos adoptar una actitud de reverencia. Debo decir que en muchos sectores de la Iglesia hoy, el enfoque de la reverencia al Todopoderoso lamentablemente no existe. Dios no nos quiere aterrorizados ante su presencia pero sí quiere que seamos reverentes. Algo ocurre en nuestro espíritu cuando permitimos que esa reverencia se exprese en nuestras oraciones.

Venga tu reino

Y llegamos así a las dos primeras peticiones: "Venga tu reino" y "hágase tu voluntad así en la tierra como en el cielo." Note que no debemos empezar orando por lo que necesitamos. Luego sigue: "El pan nuestro de cada día, dánoslo hoy, y perdónanos nuestras deudas..." Pero no es ahí donde empezamos. Empezamos con los propósitos de Dios: con lo que es importante para él.

Cuando el hombre cayó en desobediencia en el Edén quedó encerrado en una pequeña prisión que es su ego. El hombre natural es centrado en sí mismo, es decir, que su vida se enfoca en él mismo y nada más. *¿Cómo puedo obtener lo que quiero? ¿Quién me ayudará? ¿Qué obtengo de todo esto?* Esto es una prisión.

Mediante el nuevo nacimiento y la gracia de Dios podemos ser liberados de esa prisión del egoísmo y entrar en una relación en la cual lo que Dios quiere es más importante que lo que nosotros queremos. Cuando usted ora de esa manera empieza a desarrollar alas y puede moverse por encima del nivel natural.

De modo que, a lo primero que se nos guía es a decir: "Venga tu reino." Y eso es sumamente importante porque así nos alineamos con lo que Dios quiere que se haga en la tierra. El máximo propósito divino en esta tierra es realmente sencillo. Los detalles quizá sean complicados, pero el plan esencial de Dios es este: establecer su Reino sobre la tierra. Esa es la primera prioridad divina. A través de toda la historia de esta era, desde que Jesús murió y resucitó hasta ahora, la prioridad de Dios jamás ha cambiado. Millones de cristianos oran el "Padrenuestro" todos los días y nunca llegan a darse cuenta qué es lo que piden. Cuando decimos "venga tu Reino" le pedimos a Dios que haga lo que dijo que haría.

En resumen, la única solución posible para las necesidades de la humanidad es el establecimiento del Reino de Dios. Se habla mucho en nuestros días de un evangelio social y se quiere decir con ello que debemos atender las necesidades físicas y materiales del ser humano. Todos los cristianos debemos preocuparnos por las necesidades de nuestros congéneres; yo creo que esa es una expresión del amor al prójimo. Si usted ama a la gente se preocupa por sus necesidades. Pero no creo que esté en nuestras manos satisfacer las necesidades de toda la humanidad porque siempre habrá pobres.

La Iglesia ha estado aquí durante casi dos mil años y las necesidades de ahora, en muchos casos, son más grandes de lo que fueron en cualquier otra época de la historia. Veinticinco mil niños menores de cinco años mueren cada semana sobre la tierra debido principalmente a la desnutrición y a precarias condiciones de salubridad. No obstante, si todo el dinero que las naciones gastan en armamentos se utilizara bien habría abundantes recursos para establecer hospitales, clínicas, y suministro de agua potable en cada nación de la tierra. El problema no es la carencia de recursos sino la codicia y voracidad humanas que junto con el temor y el odio causan la desviación de los recursos.

Ahora bien, no me malinterprete; no estoy predicando *indiferencia*. Sencillamente estoy señalando que la raíz del problema se encuentra en la naturaleza humana. Ni el ser humano ni la Iglesia nunca van a resolver, por sí mismos, las necesidades materiales de la humanidad. Sólo una cosa lo puede hacer: el establecimiento del Reino de Dios sobre la tierra.

Yo me considero una persona práctica. No quiero ser sólo un visionario o un soñador. Yo le digo a la gente que el Espíritu Santo es la Persona más práctica que hay sobre la tierra hoy. Si algo no es práctico, no es espiritual. El establecimiento del Reino de Dios es la única solución práctica para la necesidad humana. Quienes predican el llamado *Evangelio social* están predicando un sueño. Su motivación puede ser buena, pero se equivocan al sugerir que la solución es fijar nuestra atención en las necesidades materiales del ser humano. Sólo hay una esperanza para la humanidad: Jesucristo.

He viajado extensamente y he estado en muchos lugares en donde la gente es desesperadamente pobre, necesitada e ignorante. Es posible que la mayoría de los cristianos sepan muy poco de los lamentos de la humanidad en muchas, pero muchas naciones de la tierra. No se están satisfaciendo esas necesidades. En muchos casos la pobreza, las privaciones y el hambre aumentan.

Pero hay una solución: la solución de Dios. Él es tremendamente realista y su amor por la humanidad hace que su prioridad número uno sea satisfacer sus necesidades mediante el establecimiento del Reino de Cristo sobre la tierra.

Cómo se establece el Reino

Ahora bien, necesitamos tener un poco de claridad sobre la forma en que el Reino se establece. El apóstol Pablo define la naturaleza esencial del Reino así: "Porque el reino de Dios no es comida ni bebida, sino justicia, paz y gozo en el Espíritu Santo" (Romanos 14: 17).

La justicia viene primero. Sin verdadera justicia jamás habrá verdadera paz. Muchos grupos de la Iglesia oran por paz. Y es una buena oración, pero tengamos en cuenta que sin justicia nunca habrá paz. Dios dijo dos veces a través del profeta Isaías que no hay paz para los impíos (ver Isaías 48: 22; 57: 21).

Conozco muchos cristianos que quieren paz y gozo pero descubro que en muchos casos omiten el hecho de que éstos sólo se logran como resultado de la justicia. La justicia es la primera expresión del Reino. Cualquier intento de lograr paz sin justicia está condenado al fracaso y es causa de frustración.

Mi comprensión de la profecía bíblica es que vendrá un Anticristo, un gobernante inspirado por Satanás que prometerá paz y por un breve período parecerá que la logra. Pero Pablo profetizó "Que cuando digan: Paz y seguridad, entonces vendrá sobre ellos destrucción repentina [sin previo aviso]" (1ª de Tesalonicenses 5: 3). Solamente el Poder del Espíritu Santo puede impartir justicia, paz y gozo verdaderos.

La manera en que el Reino viene ocurre internamente. Jesús dijo a los fariseos de su época que el Reino no viene por mirar y esperarlo externamente. En cambio les dijo: "El Reino de Dios está entre vosotros" (ver Lucas 17: 21).

No hay reino sin un rey. Cuando un rey surge, establece su reino. Todo creyente verdadero que hace a Jesús el Rey de su vida puede, por lo tanto tener una experiencia personal del Reino. Eso implica desplazar el "yo" o el ego del trono del corazón de uno y ubicar allí a Jesús. Quien lo hace descubre que el Reino de Dios trae justicia, paz y gozo.

Pero yo creo que hay también una expresión corporativa del Reino a través de la auténtica comunidad de creyentes que se llama la Iglesia. Es la comunión de quienes han hecho a Jesús el Rey de sus corazones y sus vidas y sobre ese hecho basan la relación entre ellos.

Es responsabilidad de la Iglesia, en todo lugar, ser modelo del Reino de Dios para que por nuestras actitudes y nuestras relaciones desafiemos al mundo permitiéndole tener una vislumbre de ese Reino. La gente debería poder mirar a la Iglesia y decir: "Veo que así es el Reino de Dios...entonces quiero pertenecer a este reino." Debería ver en ella la justicia, la paz y el gozo en el Espíritu Santo. Le aseguro que donde la Iglesia muestra estas cualidades, los corazones de hombres y mujeres casi siempre se abren a la verdad del Evangelio. Si el mundo no puede ver el Reino en la Iglesia, probablemente no creerá nuestro mensaje.

Permítame sugerir una forma importante, aunque controversial, en la que podemos ser modelos del Reino. El hecho es que hoy la verdad es controversial. El profeta Isaías dijo que habría un tiempo cuando la verdad tropezaría en la calle y la justicia no podría entrar. No estamos lejos de ese tiempo en muchos núcleos de la sociedad humana.

Pero hay aquí una manera de presentar un modelo de nuestro mensaje. Pablo dijo lo siguiente a los cristianos casados: "Maridos, amad a vuestras mujeres, así como Cristo amó a la iglesia" (Efesios 5: 25). Y yo les digo a los esposos: "Lo anterior no es una recomendación; es un mandamiento. A usted se le manda amar a su esposa; pero además, si la ama, eso le hará mucho bien a su vida." La otra face del asunto es esta: "Así que, como la iglesia está sujeta a Cristo, así también las casadas lo estén a sus maridos" (Efesios 5: 24).

Cuando el mundo mira a una pareja de verdaderos cristianos casados debería decir: "Entiendo que la manera en que el hombre ama a la esposa es la forma en que Cristo amó a la Iglesia. Y la forma en que la mujer se relaciona con su esposo es igual a la manera como la Iglesia se relaciona con Cristo." Una pareja de cristianos devotos puede ser un mensaje para el mundo. Así es el Reino de Dios.

Si hay un lugar en el cual el Reino de Dios se debería reflejar primero y en mayor medida es en la familia del creyente. Y no hay nada que Satanás ataque más el día de hoy que, precisamente, la familia. La familia fue diseñada por Dios para representar el Reino, y Satanás quiere nublar, oscurecer y eliminar el mensaje del Reino. Teme al Reino porque dondequiera que éste se establezca, el poder satánico llega a su fin.

Por último viene el Rey

El Reino puede venir de manera invisible tanto en el corazón de cada creyente como en la comunión corporativa de la Iglesia genuina. Pero eso no es lo mejor. Lo máximo es el establecimiento visible del Reino de Dios. Y así como el Reino invisible requiere de un Rey, lo mismo ocurre con el Reino visible. Sólo cuando el Rey mismo haya regresado visiblemente y en persona puede establecerse el verdadero Reino de Dios sobre la tierra. Personalmente tengo que decir que creo que sería arrogancia por parte de la Iglesia sugerir que puede hacer el trabajo y finalizarlo sin el Señor Jesús. La Biblia dice que debemos anhelar intensamente su venida.

Un predicador amigo mío tiene una forma bastante jocosa de decir las cosas. Dice que cuando el Señor regrese la Iglesia debe hacer algo más que decirle: "¡Encantados de tenerlo de vuelta!" Créame mi amigo, van a ocurrir cosas asombrosas en la tierra de ahora en adelante que nos harán estar desesperadamente ansiosos por ver regresar al Señor Jesucristo en persona. Dios está haciendo los arreglos para tal fin.

Ese es el propósito fundamental de Dios: el establecimiento de su Reino sobre la tierra, de manera visible, con un Rey visible gobernándola totalmente. Todo lo que Dios hace se enfoca hacia ese propósito y sólo cuando hagamos de ello nuestra prioridad estaremos realmente alineados con la voluntad y el propósito divinos. Por eso es que Jesús nos dijo que oremos para que venga el Reino de Dios. Se nos pide a los creyentes adaptarnos a ese propósito.

La oración no es la forma de lograr que Dios haga lo que queremos, aunque muchos cristianos piensan así. Puede ser que alguna vez funcione de esa manera pero ese no es el propósito de Dios. La oración es la manera en que nos convertimos en instrumentos para que Dios haga lo que él quiere. Cuando lleguemos a estar alineados con la voluntad de Dios podremos hacer oraciones conformes al propósito de Dios. No habrá poder humano o satánico que pueda resistir el poder de nuestra oración.

Hágase tu voluntad

Luego, en su oración, el Señor Jesús dijo: "Hágase tu voluntad, como en el cielo, así también en la tierra."

Eso significa que no todo es perfecto sobre la tierra y que en cualquier situación se puede implementar perfectamente el propósito y la solución de Dios. ¿Lo cree usted? Usted orará de manera diferente si se convence a sí mismo de que esto es cierto.

Pero recuérdelo: Si usted le dice a Dios: "Hágase tu voluntad", implícitamente le está diciendo: "No se haga mi voluntad." Permítame decirle que la voluntad divina es lo mejor que le conviene a usted. Muchos de nosotros hemos permitido que el diablo nos haga temer someternos a la voluntad de Dios con la idea de que "si me acojo la voluntad del Señor eso significa humillación y negación de mis deseos creyendo que voy a tener que renunciar a todo lo que me gusta." Podría ocurrir de esa manera, pero miremos lo que dice en Apocalipsis 4: 11: "Tú creaste todas las cosas, y por tu voluntad existen y fueron creadas." Yo he reflexionado en ese versículo muchas veces y he llegado al convencimiento de que no puede haber nada mejor para mi vida que la voluntad de Dios. Su voluntad es lo mejor en todas las cosas, en todo tiempo y en todo lugar. Jamás debemos estar temerosos de acogerla y debemos hacerlo aunque no sepamos lo que ella nos traerá.

Como preparación para nuestros compromisos de enseñanza en algunos seminarios y eventos, Ruth y yo fuimos una vez a descansar a Hawai. Pero todo nos salió mal. Realmente estábamos batallando contra las fuerzas de Satanás. Llegamos a un punto en que ambos yacíamos diciéndole a Dios: "Señor, acogemos tu voluntad sin reservas, cualquiera que ella sea. Lo que tú quieras, Señor, lo aceptamos."

Pienso que Dios nos estaba llamando, presionándonos para llevarnos a un punto de total sometimiento a su voluntad. Y así ocurrió. En realidad, hay descanso cuando trabajamos bajo su voluntad. No sabemos exactamente por qué oramos pero sabemos que tenemos un Padre que nos ama, que es omnipotente y que siempre quiere lo mejor para nosotros.

Al mirar hacia atrás a los años que he caminado con el Señor, una y otra vez le doy gracias a Dios por las ocasiones en que no me permitió hacer mi voluntad. Él me enseñó su voluntad perfecta y yo aprendí a caminar con él. Puedo ver en todas las situaciones que si yo hubiera hecho las cosas como yo quería, el resultado hubiera sido desastroso. Y otras veces me llevó a hacer el tipo de oración que cambia a las personas, a las familias y naciones enteras. Puedo decir, para gloria de Dios, que he podido ver varios acontecimientos en que la historia cambió por medio de mis oraciones y las de los creyentes reunidos conmigo. Sus oraciones también pueden producir cambios. Permítame darle dos ejemplos.

Más o menos un año después de que fui reclutado por el Ejército Británico y de haber tenido ese dramático encuentro personal con el Señor, la unidad a la que estaba adscrito fue enviada al Norte de África y me encontré allí sirviendo como un paramédico. En el curso de esa experiencia tuve el dudoso privilegio de tomar parte en la retirada más larga en la historia del Ejército Inglés –más de mil cien kilómetros de retirada continua– desde un lugar llamado Halagala, en Libia, hasta las mismas puertas de la ciudad del Cairo. Con toda seguridad les digo que marchar en retirada por más de mil kilómetros es una experiencia fatigosa y desmoralizadora, especialmente si se hace a través de un desierto.

En ese momento de la historia la suerte del Medio Oriente estaba en la balanza. Si las fuerzas del Eje –Alemania y sus aliados– podían avanzar y tomar el Cairo dominarían el Canal de Suez, cortarían una de las principales líneas de abastecimiento del Imperio Británico y finalmente tomarían la tierra de Israel y los recursos petrolíferos de todo el Medio Oriente estarían a merced suya.

Ahora bien, no hay duda de que hubo muchos otros factores que causaron esa retirada, pero el que más me impresionó a mí fue que la oficialidad no tenía la confianza de los hombres bajo su mando. Los oficiales británicos eran egoístas, irresponsables e indisciplinados. Soy hijo de militares y digo esto habiendo considerado lo que quiero decir. Un ejemplo de ello es lo siguiente: En cierta ocasión disponíamos de muy poca cantidad de agua. Una sola botella del líquido era todo lo que un soldado podía tener para dos días para sus necesidades de lavarse, afeitarse, beber y cocinar. No obstante, al acercarse a los oficiales era fácil ver que disponían de más agua en sus mesas para mezclarle a su whiskey en una noche que la que tenían los soldados para todo propósito durante dos días.

Y allí estaba yo, como un nuevo convertido. Todo lo que tenía era la Biblia y el Espíritu Santo. En un momento dado me dije a mí mismo: *Debo orar de manera inteligente por esta situación.* Yo sabía *que no sabía* cómo debía orar. De modo que, en mi ingenuidad le dije a Dios: "Señor, muéstrame cómo quieres que ore."

El Señor me dio una respuesta específica al guiarme a orar de esta manera: "Señor, danos líderes a través de los cuales tú nos puedas dar la victoria para gloria tuya." Hacía menos de un año que yo era un creyente en el Señor cuando hice esta oración; y la hice de todo corazón.

Ahora bien, yo no sabía lo que estaba ocurriendo pero Dios comenzó a actuar rápidamente. El gobierno británico nombró un nuevo comandante para sus fuerzas en el Medio Oriente en el Norte de África. Este hombre voló al Cairo para asumir el mando pero su avión se estrelló al aterrizar y pereció. De modo que en ese momento tan importante, en el más activo escenario de la guerra, las Fuerzas Británicas se quedaron sin jefe.

En medio de esa situación, Winston Churchill, quien era entonces el Primer Ministro de Inglaterra, actuando más o menos por su propia iniciativa nombró a un oficial desconocido a quien llevaron de fuera de Gran Bretaña. Su nombre era Bernard Montgomery. Montgomery era un devoto cristiano, temeroso de Dios, un hombre de gran disciplina y un gran comandante del ejército.

Montgomery entró en acción reorganizando las fuerzas británicas. Restauró la disciplina y la moral de las tropas cambió totalmente la actitud y la conducta de la oficialidad. Entonces se realizó la batalla de *El Alaméin*, la cual fue la primera gran victoria de los Aliados en todo el teatro de la guerra. La victoria en El Alaméin cambió el curso de la guerra en el Norte de África a favor de los aliados.

Yo prestaba mi servicio en una ambulancia militar en pleno desierto, un poco atrás de la vanguardia de las tropas. En la parte trasera del vehículo había un pequeño radio portátil. Allí escuché a un comentarista de noticias describiendo los preparativos que ocurrieron en el cuartel general de Montgomery, justo antes de que se librara la batalla de El Alaméin. Dijo que éste salió y reunió a los oficiales y a todos sus hombres y les dijo: "Pidamos al Señor, poderoso en batalla, que nos dé la victoria."

Cuando escuché esas palabras, una descarga de lo que yo llamo "electricidad celestial" recorrió todo mi cuerpo desde la coronilla hasta la planta de mis pies. Dios habló silenciosa pero claramente a mi espíritu y me dijo: *Esa es la respuesta a tu oración.*

Así que, desde muy temprano en mi experiencia cristiana aprendí que la oración puede cambiar el curso de la historia. Leí un artículo en un periódico británico en el centésimo aniversario del nacimiento de Montgomery, el cual decía que ningún general Inglés en toda la historia ha realizado una campaña más brillante que la que éste dirigió en ese tiempo en el Norte de África. Yo oré y pude ver que Dios levantó a un hombre que le diera a él la gloria. ¿Lo cree usted? ¿Puede creer que sus oraciones pueden cambiar la historia? ¿Puede usted entender que Dios hace cosas inesperadas cuando usted ora confiado en la soberanía de él?

Bien, algunas personas dirán que mi afirmación es arrogante y que es seguro que otros también oraron en la misma forma. Ciertamente había otras personas en Inglaterra orando. Pero una cosa también es cierta: Dios se ha comprometido a responder aún si sólo una persona ora con fe y cumple con sus condiciones.

Sólo hay dos posibilidades en cuanto a la oración: Dios responde, o no responde nuestras oraciones. Si él no contesta la oración es innecesario orar. Y si Dios sí responde, lo tonto es no orar. Tengo la firme convicción de que él contesta nuestras oraciones. Pero la lección que quiero enfatizar aquí es que Dios tiene que darle a usted el don de la oración y enseñarlo a orar. Y recibir el don de la oración es como esgrimir una lanza. Cuando la toma en sus manos debe esgrimirla hacia adelante; siempre hacia adelante.

El segundo ejemplo que quiero darle de una oración que cambió la historia sucedió en 1960 en Kenia, cuando yo trabajaba con maestros y alumnos en una escuela.

El país había pasado por una crisis política y en unos pocos años habría de recibir la independencia del Imperio Británico. La rebelión del movimiento rebelde Mau–Mau, que había dividido al país en dos, generó enemistad y desconfianza, no sólo entre negros y blancos sino también entre las diferentes tribus africanas. Al oeste, el Congo Belga acababa de recibir la independencia de Bélgica y había caído inmediatamente en una guerra civil encarnizada. Los expertos políticos predecían que Kenia seguiría ese mismo camino, sólo que la situación sería aún peor.

En agosto de ese año yo era uno de los conferenciantes en una convención bíblica para jóvenes africanos. La convención duró una semana y estábamos en la noche de clausura. El Espíritu de Dios descendió de una manera única y soberana. En cierto momento sentí que habíamos palpado los recursos del Dios Todopoderoso, y que era nuestra responsabilidad usarlos de manera apropiada. Entonces subí a la plataforma e hice callar a los jóvenes que estaban orando. Luego los desafié a que oraran por el futuro de su nación. Les señalé que los cristianos tenemos la responsabilidad de orar por el gobierno, y que su país estaba atravesando una crisis tremenda. Les dije que, probablemente sus oraciones eran lo único que podía salvar a Kenia de una catástrofe.

Aquellos trescientos jóvenes se unieron en oración durante unos diez minutos. Oraban aferrándose al Señor. Fue una de las experiencias más dramáticas de las que he participado. Luego, cuando hicieron silencio, el joven africano que estaba a mi lado en la plataforma habló suavemente a sus compatriotas.

"Quiero decirles –empezó diciendo– que mientras orábamos tuve una visión. Vi un hombre en un caballo rojo; y el caballo era feroz y cruel, y venía hacia Kenia desde el Este. Detrás de él había otros caballos rojos, feroces y crueles. Pero, –siguió relatando– mientras orábamos vi que esos caballos daban vuelta y se alejaban de Kenia hacia el norte."

Luego continuó: "Mientras meditaba en esto, Dios me habló y me dijo: *Solamente el poder sobrenatural de la oración de mi pueblo puede alejar los problemas que vienen sobre Kenia.*"

No puedo ahora detallar la historia de los años subsiguientes, pero debo decir que la visión que tuvo el joven africano se cumplió con exactitud. Tres o cuatro años más tarde hubo un serio intento comunista de entrar y tomar a Kenia desde el Este. Jomo Kenyatta, el primer presidente keniano, logró frustrarlo con una acción rápida y sabia y los comunistas jamás lograron hacer un avance real en el país. Se retiraron hacia el norte y tomaron Somalia que prácticamente se transformó en campo comunista armado.

Desde aquel entonces hasta ahora, Kenia ha sido una de las naciones más estables y progresistas entre las cincuenta nuevas naciones africanas que emergieron luego de la Segunda Guerra Mundial. Naturalmente, eso no fue lo que los expertos en política predijeron. Ese logro fue resultado de la oración; de la oración de fe, coordinada y colectiva, hecha en un momento de crisis en el destino de esa nación.

Poder orar de esa manera es más valioso que todas las riquezas de este mundo. Una persona que puede orar así es más influyente que el general que consigue la victoria o que el gobierno que representa el general.

No siempre he orado para que la voluntad de Dios se haga en la tierra como se hace en el cielo. A veces me estanco en mis asuntos insignificantes y en mis limitaciones y comienzo a orar sólo por mí. No tiene nada de malo pedirle a Dios que nos ayude, pero el resultado divino no se producirá hasta que su actitud y motivación empiecen a coadyuvar para que los propósitos de Dios se cumplan en la tierra.

Dios no va a cambiar. Si Dios y yo no estamos en armonía, adivine quién va a cambiar. Además, no vivir en armonía con Dios es doloroso, especialmente si usted es un creyente bautizado en el Espíritu.

¿Cómo podemos estar en armonía? La respuesta es alinearnos con los propósitos de Dios. Las primeras claves para conocer su voluntad se encuentran en el comienzo del Padre Nuestro: "Padre nuestro que estás en los cielos..."

Conocer su voluntad

Uno de mis pasajes favoritos, Romanos 12, nos da más claves para descubrir la voluntad de Dios. A mi entender, todas ellas se encuentran en los primeros ocho versículos.

"Así que, hermanos, os ruego por las misericordias de Dios, que presentéis vuestros cuerpos en sacrificio vivo, santo, agradable a Dios, que es vuestro culto racional. No os conforméis a este siglo, sino transformaos por medio de la

renovación de vuestro entendimiento, para que comprobéis cuál sea la buena voluntad de Dios, agradable y perfecta. Digo, pues, por la gracia que me es dada, a cada cual que está entre vosotros, que no tenga más alto concepto de sí que el que debe tener, sino que piense de sí con cordura, conforme a la medida de fe que Dios repartió a cada uno. Porque de la manera que en un cuerpo tenemos muchos miembros, pero no todos los miembros tienen la misma función, así nosotros, siendo muchos, somos un cuerpo en Cristo, (A) y todos miembros los unos de los otros. De manera que, teniendo diferentes dones, según la gracia que nos es dada, (B) si el de profecía, úsese conforme a la medida de la fe; o si de servicio, en servir; o el que enseña, en la enseñanza; el que exhorta, en la exhortación; el que reparte, con liberalidad; el que preside, con solicitud; el que hace misericordia, con alegría."

Versículos 1-8

Pablo comienza el versículo 1 diciendo: "Así que". Siempre digo que cuando uno encuentra en la Biblia la frase introductoria condicional "así que," debe buscar por qué esta allí. En este caso, "así que" hace referencia a los primeros 11 capítulos de Romanos en los que Pablo esboza el mensaje de la misericordia y la gracia de Dios. Entonces pregunta: "A la luz de esto, ¿qué debemos hacer? ¿Cómo responderemos?" Su respuesta es: "Presenten sus cuerpos en sacrificio vivo, santo y agradable a Dios."

Eso es algo que siempre me causa bendición. La Biblia es tan práctica. Muchos de nosotros esperaríamos algo súper espiritual. Luego de esta exposición gloriosa de la gracia de Dios nos preguntamos "Dios, ¿qué deseas?"

Y él responde: "Quiero que ofrezcas tu cuerpo en sacrificio vivo". Y es que cuando él tiene autoridad sobre mi cuerpo, tiene también autoridad sobre lo que hay en su interior.

Pablo también nos dice de qué manera debemos entregarlo: "Preséntenle sus cuerpos en sacrificio vivo". ¿Por qué sacrificio vivo? Porque lo estaba contrastando con los *sacrificios del Antiguo Testamento* en los que primero se sacrificaba el animal y luego se le colocaba sobre el altar. De esta manera Pablo estaba diciendo: "No mates tu cuerpo sino ponlo en el altar. Pon un cuerpo vivo en el altar".

Cuando el sacrificio se colocaba sobre el altar ya no pertenecía a la persona que lo ofrecía, pertenecía a Dios. Es como si Dios dijera: "Coloca tu cuerpo en mi altar como un sacrificio vivo. De ahora en adelante ya no te pertenece a ti. Es mío. Ya tú no decides qué le sucederá a tu cuerpo porque lo voy a decidir yo. Desde ese momento no decides dónde has de ir ni que vas a hacer. Esas ya son decisiones de Dios. Él asume la responsabilidad absoluta de tu vida.

Piense en esto detenidamente. Asegúrese de que cuando haga este compromiso lo haga *a plena conciencia*. Pero sepa también los beneficios de tal entrega. Dios tiene actitudes totalmente diferentes con respecto a lo que se le presta y a lo que es propiedad suya. Él acepta la responsabilidad sobre lo que es suyo y hace lo que es mejor para usted. Quizás usted descubra que ésta es la respuesta a su problema de insatisfacción. Entregue su vida y su cuerpo a Dios, como un sacrificio vivo. ¡Hágalo ahora mismo por medio de una oración! Ya ha luchado usted mismo por mucho tiempo.

El versículo siguiente dice: "No os conforméis a este siglo (tiempo), sino transformaos por medio de la renovación de vuestro entendimiento, para que comprobéis cuál sea la buena voluntad de Dios, agradable y perfecta."

Para descubrir la voluntad de Dios usted debe cambiar su manera de pensar. Necesita una renovación de su mente. Dios puede hacerlo, pero no lo hará hasta que usted le entregue su vida. Dios renovará su mente cuando le presente el sacrificio de su cuerpo. Y una vez que su mente sea renovada, usted podrá descubrir la voluntad de Dios.

Muchas personas son salvas, y supongo que van al cielo. Pero jamás llegan a descubrir la voluntad de Dios en esta vida porque sus mentes no son renovadas. ¿Cómo se renueva la mente? Primero es necesario ser humilde.

En el versículo siguiente el apóstol Pablo dice: "Digo, pues, por la gracia que me es dada, a cada cual que está entre vosotros, que no tenga más alto concepto de sí que el que debe tener, sino que piense de sí con cordura, conforme a la medida de fe que Dios repartió a cada uno."

La mente renovada no es orgullosa. No es arrogante. No es impositiva. Es humilde, sobria y realista. Supongamos que usted consigue trabajo en un banco. No pretenderá sentarse en la silla del gerente en su primer día de labores. De la misma manera, uno no debería esperar ser apóstol el primer día que entra en el Reino de

Dios. Esté dispuesto a ser como "el muchacho de los mandados", y dispóngase a limpiar los cestos de basura. En la vida espiritual, el camino a la cima es hacia abajo. Cuánto más bajo comience, más alto llegará.

Luego Pablo dice que, efectivamente, no lo lograremos solos. Necesitaremos ser parte del Cuerpo de Cristo. Dios nos ha dado una medida de fe, una proporción de fe acorde a nuestro lugar en el Cuerpo. Cuando encontremos nuestro lugar en la iglesia descubriremos que tenemos la fe que necesitamos para ocupar nuestro lugar y desempeñar la función que nos corresponde.

Observe usted cómo mi mano funciona maravillosamente bien si funciona como mano; pero si intento caminar con mis manos me meto en problemas. Mi mano está diseñada para ser mano y no pie. Muchos cristianos son pies tratando de ser manos, o narices tratando de ser oídos. Si usted tiene una lucha continua de fe en su caminar cristiano, casi podría garantizarle que está intentando ser algo para lo que Dios no lo diseñó. La vida de fe tiene pruebas y problemas, pero debe moverse con fluidez. No debe ser una lucha continua porque el amor de Dios aleja el temor.

Cuando usted encuentra su lugar en el Cuerpo de Cristo, la medida de la fe que Dios le ha dado le hará prosperar en él.

Pablo cierra luego este pequeño tema diciendo que cuando estamos en nuestro lugar dentro del Cuerpo de la Iglesia, Dios nos dará los dones que necesitamos para operar allí. Muchos cristianos están interesados sólo en los dones espirituales. Yo coincido en que los dones de Dios son emocionantes, pero no se deben buscar fuera del cuerpo de la iglesia. De hecho, mientras usted desconozca su lugar en el Cuerpo no sabrá qué dones necesita. Mi experiencia me dice que cuando estoy en el lugar correcto tengo los dones adecuados para funcionar bien en mi vida y en mi comunidad.

Recuerdo cuando Dios me llevó al ministerio de liberación para ayudar a las personas a ser libres de los demonios. Mi esposa Lidia y yo estábamos en un hotel en Colorado y un amigo mío nos trajo a su casa para visitar a su hermana, una mujer casada que necesitaba ser liberada de los demonios. La mujer tomó asiento frente a mí. Era la imagen misma de la aflicción. Estaba claro que tenía muchos problemas espirituales. La miré fijamente a sus ojos y le dije: "Usted necesita ser libre de..." y nombré unos ocho demonios. Automáticamente pensé dentro de mí: "¿Cómo supe esto tan rápidamente?"

Entonces me dí cuenta de que Dios me había dado el don de conocimiento. ¿Para qué? ¿Como un adorno? No; me dio este don porque lo necesitaba para ser eficaz en el lugar donde me había puesto. En mi comunidad.

¿Ve la importancia que tiene presentar su cuerpo como sacrificio vivo a Dios para hacer Su voluntad? Quiero desafiarlo en este momento. ¿Alguna vez le entregó realmente el control de su vida al Señor Jesús? Alguna vez le dijo usted: "¿Oh Dios, mi vida es tuya y está a tu disposición; haz tu santa voluntad conmigo?" Si la respuesta es negativa, no hay mejor momento que éste para tomar la decisión de entregarse totalmente a Cristo.

Ésta es una decisión muy seria, una decisión que no debe tomar y luego arrepentirse. Dios no espera que de ahora en adelante usted sea perfecto, pero sí quiere que sea sincero y lo haga sin reservas. Si decide que éste es el tiempo para poner su vida en el altar de Dios, le sugiero que haga esta sencilla oración:

> Señor Jesucristo, te agradezco que hayas muerto en la cruz en mi lugar para salvarme de mis pecados y hacerme un hijo de Dios. Señor, en respuesta a tu misericordia te presento mi cuerpo como sacrificio vivo. Lo coloco sobre el altar de tu servicio como un sacrificio vivo. Desde este momento te pertenece a ti, Señor, y no a mí. Te doy gracias por recibir este sacrificio. He orado en el nombre del Señor Jesús, amén.

Estamos entrando en un tiempo en el cual veremos al Espíritu de Dios moverse sobre la tierra más y más. El enemigo (el diablo) pondrá a prueba nuestro compromiso como nunca antes porque sabe que le queda poco tiempo. Más adelante aprenderemos algunas cosas sobre cómo transformar el Cuerpo de Cristo en una casa de oración. Sin embargo, miremos primero el tema de la guerra espiritual y las armas que necesitamos para orar eficazmente. Avancemos en la comprensión de la voluntad de Dios profundizando más en esta actitud de oración.

6

ARMAS ESPIRITUALES PARA UNA GUERRA ESPIRITUAL

Conozco a un hombre en Cristo, que hace catorce
años (si en el cuerpo, no lo sé; si fuera del cuerpo, no
lo sé; Dios lo sabe) fue arrebatado hasta el tercer cielo.
2ª de Corintios 12: 2

Este versículo nos pone cara a cara con la revelación de que hay más de un cielo. Pablo dice que conoció a un hombre –y a propósito, yo nunca he creído que ese hombre fuese el mismo Pablo– que tuvo una maravillosa experiencia de ser arrebatado hasta el tercer cielo en donde "oyó palabras inefables que no le es dado al hombre expresar" (2ª de Corintios 12: 4).

Creo que podemos suponer que si hay un tercer cielo, debe haber, entonces, un primer y un segundo cielos. Quiero que miremos por un momento cuál es la ubicación y quiénes son los habitantes de cada uno de estos cielos. Esto es importante para orar eficazmente.

En estos versículos el apóstol Pablo nos indica que *el Paraíso* está ubicado en el tercer cielo. En la actualidad, éste es el lugar donde van los espíritus de los justos al morir, aunque no siempre fue así. Hubo un tiempo en que la morada de los justos estaba abajo, en el Seol, un compartimiento especial en la parte inferior de la tierra. Recuerde que durante el tiempo del Antiguo Pacto, Abraham y todos los santos descendieron a un lugar especial en donde estaban separados de los injustos por un gran abismo. Luego de la muerte y resurrección de Jesucristo, el Paraíso cuenta con la presencia de Jesús resucitado. Desde entonces el Paraíso ha estado en el tercer cielo, en la presencia misma del Dios Todopoderoso.

La Biblia también habla de lo que podemos llamar *el cielo medio* o segundo cielo. Esta palabra es tomada del libro de Apocalipsis. Por ejemplo, el apóstol Juan dice: "Vi volar por en medio del cielo a otro ángel…" (Apocalipsis 14:6). En realidad, aquí se utiliza un sustantivo compuesto que podría traducirse como "el cielomedio". Este segundo cielo es también el lugar donde habita Satanás. Desde allí hace todo lo posible con sus ángeles para causar destrucción en la tierra y resistir los propósitos de la gracia, la bendición y la misericordia de Dios. Continuaremos con el tema en un momento.

El primer cielo es el espacio físico que vemos cuando salimos de noche y observamos las estrellas; es el cielo visible. Podríamos decir que es "el techo de la morada del hombre."

Vemos entonces que Dios habita en el tercer cielo y que el hombre está físicamente limitado por el primer cielo. Entre estos dos se halla el cielo medio, ese lugar donde habita el ángel rebelde llamado Satanás y sus ángeles caídos.

Ahora bien, ¿qué tiene esto que ver con hacer las oraciones que Dios escucha y responde? Esta explicación tiene mucho qué ver con nuestras oraciones porque nos da una imagen del conflicto espiritual (guerra espiritual) y de la oposición que enfrentamos cuando oramos.

Una mirada a los lugares celestes

Para comprender la *guerra espiritual* necesitamos entender contra qué y contra quién estamos luchando. Las Escrituras revelan que el día de hoy, Satanás está dominando al mundo. Pablo nos da una clara imagen de ese hecho en su carta a los Efesios: "Porque no tenemos lucha contra sangre y carne, sino contra principados, contra potestades, contra los gobernadores de las tinieblas de este siglo, contra huestes espirituales de maldad en las regiones celestes." (Efesios 6:12). Si bien la versión Reina-Valera es muy conocida, no nos da una traducción tan precisa como se encuentra en el texto original. Desglosemos este versículo para darle una mirada más literal en el idioma griego.

"Porque no tenemos lucha contra sangre y carne, sino contra *principados, contra potestades...*"

Tanto en la carta a los Efesios como en otros pasajes, las palabras *principados* y *potestades* suelen aparecer juntas. La palabra *principado* se deriva de la palabra griega para *gobernante*. La palabra *potestad* es la palabra que se usa para *autoridad*. Por eso yo prefiero decir que nuestra

147

lucha como creyentes no es contra sangre ni carne, no es contra seres humanos sino contra reinos espirituales, y el reino del mundo está bajo su autoridad. Pero también dice San Pablo: ...es una lucha contra los gobernadores de las tinieblas de este siglo...

Una traducción más literal sería: "Contra los gobernadores mundiales de la oscuridad actual." La oscuridad de la era actual tiene un cuartel general mundial que la gobierna. Este cuartel está en el cielo medio y su gobernador es Satanás. En Efesios 2:2 a Satanás se le llama el "príncipe de la potestad del aire". Entonces, él es el gobernador del área de autoridad definida como "el aire." Muchas personas se imaginan que Satanás vive abajo, en las entrañas de la tierra, pero no está allí; está en los lugares celestes.

Por supuesto, no está en el mismo cielo donde Dios habita porque fue expulsado de allí. Pero tampoco está en la tierra. Apocalipsis 12: 9 nos dice que el tiempo se acerca cuando Satanás será expulsado del cielo y arrojado a la tierra. Luego dice que causará tantos problemas como le sea posible en el poco tiempo que le queda. (Veremos esto en mayor detalle en el capítulo 7 de este libro). Pero mientras tanto, y para completar el pasaje de Apocalipsis 12, el cuartel general de Satanás está en el cielo medio. Nosotros también luchamos:

"Contra huestes espirituales de maldad en las regiones celestes."

La palabra griega para *regiones celestes* se utiliza muchas veces en la carta a los efesios, y en cada uno de los casos se traduce como "cielo".

Ahora demos un vistazo a una traducción más literal de Efesios 6:12:

> Nuestra lucha no es contra carne ni sangre sino contra gobiernos que se hallan en el reino bajo su autoridad, contra los gobernadores mundiales de la oscuridad actual, contra huestes espirituales de maldad en los cielos.

Éste es nuestro conflicto espiritual. En el libro de Daniel encontramos que la Biblia nos da una imagen vívida de esta batalla que se está librando en la actualidad. Veámosla.

La batalla en los lugares celestes

Daniel, quien siendo joven fue llevado de Israel a Babilonia, fue un ferviente estudiante de la literatura de su pueblo. Como tal, fue consciente de que el tiempo profético de la cautividad babilónica se acercaba a su fin. "En el año primero de su reinado, yo Daniel miré atentamente en los libros el número de los años de que habló el Señor al profeta Jeremías, que habían de cumplirse las desolaciones de Jerusalén en setenta años." (Daniel 9:2).

Daniel comenzó a orar por los sucesos que se aproximaban con un tiempo de ayuno. "En aquellos días yo Daniel estuve afligido por espacio de tres semanas. No comí manjar delicado, ni entró en mi boca carne ni vino, ni me ungí con ungüento, hasta que se cumplieron las tres semanas." (Daniel 10:2-3).

Daniel vio lo que Dios se había comprometido a hacer y respondió con esta actitud: "Dios, estoy contigo en esto. Cuenta conmigo. Me entregaré al ayuno y la oración como nunca antes hasta ver y experimentar el cumplimiento de tu promesa."

En el capítulo 8 exploraremos el tema del ayuno como un componente poderoso de nuestras oraciones, en especial el ayuno que se relaciona con la Iglesia en los últimos días. Por ahora notemos que el ayuno es una especie de luto espiritual. Dios dijo que dará *óleo de gozo a los afligidos de Sión* (ver Isaías 61: 3). No se refería a la aflicción natural de la carne sino a la aflicción de quienes están preocupados por la desolación de la casa de Dios y su pueblo.

El Señor Jesús dijo en el Sermón del Monte: "Bienaventurados los que lloran, porque ellos recibirán consolación" (Mateo 5:4). Permítame señalar que debemos ser muy sensibles a la presencia del Espíritu Santo respecto a este asunto. No debemos procurar afligirnos cuando el Espíritu Santo nos está consolando ni buscar emocionarnos y entusiasmarnos cuando el Espíritu Santo nos llama a estar de luto.

Daniel estuvo 21 días de luto, orando y esperando en Dios. No hizo ayuno completo pero se abstuvo de todo excepto de las comidas y bebidas más básicas. Luego de tres semanas, el arcángel Gabriel fue enviado a Daniel con una revelación de los propósitos de Dios para el pueblo de Israel en los Últimos Días. El resto del capítulo 10 y los dos capítulos siguientes describen la llegada del ángel y la revelación que trajo. Con el propósito de entender mejor la guerra espiritual, veamos de manera cronológica esta aparición:

"...Entonces me dijo: Daniel, no temas; porque desde el primer día que dispusiste tu corazón a entender y a humillarte en la presencia de tu Dios, fueron oídas tus palabras; y a causa de tus palabras yo he venido." (Daniel 10:12)

La oración de Daniel fue oída desde el primer día que comenzó a orar. Pero el ángel no llegó hasta tres semanas más tarde. ¿Qué sucedió mientras tanto? El versículo siguiente nos lo aclara. "Mas el príncipe del reino de Persia se me opuso durante veintiún días; pero he aquí Miguel, uno de los principales príncipes, vino para ayudarme, y quedé allí con los reyes de Persia" (versículo 13).

Cuando el arcángel Gabriel habla de "el príncipe del reino de Persia", no está hablando de un ser humano. Se refiere a uno de los ángeles de las tinieblas que habitan el cielo medio. Gabriel emprendió su viaje el primer día en que Daniel comenzó a orar, pero la batalla angelical en los cielos demoró su llegada. Los ángeles de Satanás se opusieron y resistieron a los ángeles buenos.

Pero, note también lo siguiente: Las oraciones de Daniel en la tierra consiguieron que el ángel pudiera llegar. ¿Puede usted ver cuán importantes son nuestras oraciones? El arcángel dependía de Daniel y sus oraciones para vencer.

Tenga en cuenta también que la iniciativa viene de la tierra, no del cielo. Daniel fue quien movilizó todo aquello. Y me atrevo a decir que en ciertos aspectos ocurre igual el día de hoy. No somos nosotros quienes esperamos a Dios; es Dios quien nos está esperando a nosotros. Cuando nosotros actuemos, el cielo actuará.

Luego se producirá la batalla y nuestras oraciones en la tierra la definirán. Quienes somos creyentes y sabemos orar según la voluntad de Dios somos mucho más importantes de lo que podemos llegar a imaginar.

Esta porción de las Escrituras también nos muestra algo más. Nos enseña por qué puede ocurrir que pidamos algo dentro de la voluntad de Dios y no recibamos la respuesta inmediatamente.

Visualícelo de esta manera. Los tres cielos están en tres niveles diferentes, uno arriba del otro. Cuando la oración del creyente sube desde la tierra, el ángel que trae la respuesta deja el tercer cielo y desciende en cumplimiento de la orden de Dios. Pero entre los dos, un príncipe malvado en el cielo-medio trabaja para bloquear la respuesta. Cuando el creyente "supera el conflicto en oración", llega la respuesta. El momento decisivo se produce en el punto de encuentro entre la oración y la decisión de Dios. Es por eso que el Señor Jesús habló "sobre la necesidad de orar siempre, y no desmayar [o rendirse]" (Lucas 18:1). Muchas veces tenemos que "permanecer en oración" para alcanzar el punto decisivo que Dios tiene en mente. (Aprenderemos más sobre esto en el capítulo 8 que trata sobre el ayuno).

Notemos ahora la diferencia que produce nuestra oración. No tenemos que "prevalecer en oración" porque haya indiferencia de parte de Dios, como algunos suponen. No; lo que ocurre es que atravesamos nuestra oración en contra de la posición satánica, en ese reino del cielo-medio que se halla establecido en oposición directa a todo el bien que Dios desea para nosotros.

Si usted es sensible al Espíritu Santo se dará cuenta cuando llega el momento decisivo. Hubo momentos en mi experiencia espiritual en que supe cuándo se había resuelto el conflicto espiritual. Usted puede presentirlo y decir: "Ahora tenemos la victoria. Ahora podemos danzar de gozo. La batalla ha terminado. Todo lo que queda es tomar el botín." En unos instantes veremos una ilustración al respecto, la cual fue tomada de la historia de Josafat.

Éste es, básicamente, el cuadro del conflicto espiritual según este pasaje del libro de Daniel. Cuando el ángel dejó a Daniel, le dijo algo más: "Ahora tengo que volver para pelear contra el príncipe de Persia; y al terminar con él, el príncipe de Grecia vendrá" (Daniel 10: 20).

El príncipe de Persia era un ángel satánico que dominaba el reino persa. Este hecho era de particular importancia para Daniel porque Persia gobernaba a Israel, el pueblo de Dios. Cuando el imperio persa fue vencido, el imperio griego tomó su lugar. Tras éste estaba otro ángel satánico llamado el príncipe de Grecia.

Esto nos muestra que los imperios de la tierra tienen su gobierno equivalente en el imperio de Satanás. En otras palabras, Satanás busca controlar los imperios de la tierra a través de sus príncipes para que los líderes y los gobiernos sean instrumentos de su voluntad. Debemos orar por nuestros gobiernos para ponerlos bajo el control de Dios y para que Satanás fracase.

Es por eso que Pablo dijo que en primer lugar –antes de orar por los enfermos, los misioneros, los evangelistas o incluso por la familia– debemos orar por los gobernantes. Como podemos ver, cualquiera que critique al gobierno le está diciendo al mundo que ha fallado en orar fielmente por sus gobernantes. De la misma manera, está permitiendo que los ángeles de las tinieblas llenen los edificios donde se toman las decisiones importantes que nos afectan no sólo a nosotros sino a todo el Reino de Dios. No debemos tolerar esa invasión de Satanás.

Nuestra posición en los lugares celestiales

El factor decisivo en esta gran guerra contra Satanás es uno solo: los creyentes que oran. Nosotros inclinamos la balanza de la victoria hacia el lado de Dios. Aunque parezca irrelevante, este es un hecho asombroso pero las Escrituras dejan bien claro que así es. Nuestras oraciones no son insignificantes, no son secundarias. Son el punto decisivo en todo el conflicto espiritual.

El universo se moverá según como oremos.

Yo no creo que esto sea una exageración; creo que es literalmente la verdad. Nada me aflige más que oír a los creyentes hablar como si ellos mismos no tuvieran importancia. Su sentir es que "no importa lo que yo diga o haga porque básicamente soy insignificante en este asunto." Por un lado, es cierto que usted es insignificante. Pero ése es el punto preciso. Porque usted es insignificante, Dios lo eligió para mostrarle así al mundo su sabiduría, su gracia y su poder.

Pero esto implica que usted ya no es insignificante. ¡Usted es supremamente importante! El universo gira en torno a usted. Yo lo creo así. Pablo dijo en 2ª de Corintios 4: 15, NKJV: "Todas las cosas son por causa de ustedes." Es decir, todo ocurre por causa nuestra debido a nuestra relación con Jesucristo y a lo que Dios está determinado a hacer para el mundo entero, a través de nosotros.

Pablo nos ayuda a comprender nuestra posición en la guerra espiritual. "Bendito sea el Dios y Padre de nuestro Señor Jesucristo, que nos bendijo con toda bendición espiritual en los lugares celestiales en Cristo" (Efesios 1: 3). "[El poder de Dios] operó en Cristo, resucitándole de los muertos y sentándole a su diestra en los lugares celestiales, sobre todo principado y autoridad y poder y señorío [todo gobierno y reino de autoridad]" (Efesios 1: 20 – 21). "Juntamente con él [Dios] nos resucitó, y asimismo nos hizo sentar en los lugares celestiales con Cristo Jesús" (Efesios 2: 6).

Jesús fue exaltado mucho más allá de esa esfera del segundo cielo que es el cuartel general de Satanás. Más aún, aceptamos por la fe que en el Espíritu usted y yo estamos sentados con Cristo en el reino que existe mucho más allá de Satanás. Físicamente estamos abajo, en la tierra, pero debido a nuestra relación con Cristo estamos espiritualmente sentados con él: "…para que la multiforme sabiduría de Dios sea ahora dada a conocer por medio de la iglesia a los principados y potestades en los lugares celestiales" (Efesios 3: 10).

¡Qué declaración maravillosa! La Iglesia, es decir, quienes creemos en Jesucristo, somos la demostración de Dios, de su multiforme sabiduría para todo el teatro del universo.

La tierra no es el centro del universo pero sí es el escenario. El autor de Hebreos dice que estamos rodeados por una gran nube de testigos (ver Hebreos 12: 1). Somos observados desde el tercer cielo por aquellos que nos aclaman, y desde el segundo cielo por quienes nos abuchean. Pablo dice que somos un espectáculo para los hombres, para los ángeles, para el mundo entero y para todo el universo. Y Dios está mostrando a través de nosotros –débiles, indignos, viles y menospreciados– todas las riquezas de su gracia, su gloria y su sabiduría.

¿Sabe por qué nos eligió Dios? Porque no hay nada en nosotros a lo que se le pueda atribuir la obra. Toda la gloria debe ser para Dios. "Y lo vil del mundo y lo menospreciado escogió Dios, y lo que no es, para deshacer lo que es" (1ª de Corintios 1: 28).

Nuestro arsenal espiritual

Si estamos inmersos en una guerra espiritual contra un enemigo espiritual, es obvio que debemos tener armas espirituales. Las armas carnales no tienen uso alguno para la guerra espiritual. No podemos quitar de nuestro camino a los demonios y ángeles rebeldes con un tanque.

Esto es lo que dijo Pablo: "Pues aunque andamos en la carne [aunque vivimos en un cuerpo de carne], no militamos según la carne; porque las armas de nuestra milicia no son carnales [materiales], sino poderosas en Dios para la destrucción de fortalezas" (2ª de Corintios 10: 3 – 4).

¿Las fortalezas de quién? De Satanás. ¿Dónde tiene sus fortalezas? Quizás ahora mismo en los despachos más importantes de nuestros gobernantes. Quizás haya en las oficinas administrativas del alto gobierno, hombres y mujeres que son las fortalezas de Satanás. ¿A quién le corresponde la tarea de derribarlas? A nosotros. Y ya recibimos las armas. Las armas de nuestra guerra "derriban argumentos y toda altivez que se levanta contra el conocimiento de Dios, y llevan cautivo todo pensamiento a la obediencia a Cristo" (versículo 5).

Lo que se levanta contra el conocimiento de Dios es el reino de Satanás en los cielos. Se nos entregaron las armas para derribar el reino de Satanás y nosotros somos quienes lo derribarán. Las armas no fueron colocadas en las manos de los ángeles sino en las nuestras, aunque, sin lugar a dudas, los ángeles tienen sus propias armas.

Dios nos ha provisto con tres armas espirituales principales: La Palabra de Dios, el nombre del Señor Jesús y la sangre poderosa de Cristo. Esgrimimos y utilizamos estas tres armas mediante la oración, la alabanza y el testimonio. Veámoslas brevemente. (El siguiente capítulo es un estudio más profundo de la sangre de Cristo.)

La palabra de Dios

En Efesios 6: 14 - 17 Pablo hace una lista de la armadura espiritual que el soldado cristiano necesita para la guerra espiritual. Los primeros cinco elementos de la armadura son defensivos: ceñir nuestros lomos con la verdad, vestirnos con la coraza de justicia, asegurarnos de que nuestros pies estén calzados con el apresto del evangelio de la paz, tomar el escudo de la fe y utilizar el yelmo de la salvación. Estas armas protegen al creyente. No vemos ningún arma ofensiva o ataque alguno hasta que llegamos al sexto elemento que es la espada del Espíritu, es decir, la Palabra de Dios.

Ésta es nuestra gran arma de ataque. Si usted no usa la Palabra de Dios es muy difícil que pueda vencer porque no posee nada con que atacar a Satanás. Si quiere poner en fuga a Satanás, si quiere quitarlo de su camino, de su casa, su familia o su empresa; si quiere vencerlo definitivamente, el arma que debe usar es el arma de ataque: la espada del Espíritu, que es la Palabra de Dios.

En este pasaje la frase la "Palabra de Dios" es traducida de la palabra *rema* que generalmente denota una palabra hablada. Dicho de otro modo, la Biblia no es un arma efectiva si permanece sobre un estante o sobre una mesita de noche. La Sagrada Escritura se transforma en una espada aguda de dos filos en la medida en que la ponemos en nuestra boca y la proclamamos con valentía. Tenga en cuenta que también es la espada del Espíritu Santo. Podemos tomar la Palabra de Dios en nuestras bocas, pero sólo logrará su efecto completo si el Espíritu Santo es quien la esgrime.

La guía perfecta de cómo usar la espada del Espíritu se halla en el encuentro de Jesús con Satanás en el momento de la tentación en el desierto. Satanás se acercó a Jesús para tentarlo tres veces y en cada intento Jesús lo hizo retroceder con esta frase: "*Escrito está...*" (ver Mateo 4). Jesús no usó ninguna otra arma sino la palabra hablada de Dios que en griego se llama "*rema*".

Dios puso a disposición de cada cristiano la misma arma que él usó para vencer a Satanás. Es importante, sin embargo, tener en cuenta dos cosas. Primero, Jesús ya había sido lleno del Espíritu Santo (ver Lucas 4: 1). Fue el Espíritu Santo quien lo guió en el uso de la espada. Y segundo, Jesús, como todos los niños judíos de su época, había memorizado extensos pasajes de la Escritura. Cuando Satanás lo desafió, Jesús no necesitó consultar la Biblia. Ya había almacenado las Escrituras en su memoria. Sin duda alguna, hoy necesitamos hacer lo mismo que Jesús hizo.

El nombre de Jesús

Otra arma poderosa que tenemos es usar *el nombre de Jesús.* Estos dos versículos del Salmo 8 nos ayudarán a comprenderlo de manera singular.

> *¡Oh Señor, Dios nuestro, cuán glorioso es tu nombre en toda la tierra! Has puesto tu gloria sobre los cielos; de la boca de los niños y de los que maman, fundaste la fortaleza, a causa de tus enemigos, para hacer callar al enemigo y al vengativo.*
>
> Salmos 8:1-2

El enemigo y el vengativo es Satanás, y Dios nos ha dado los medios para hacerlo callar. ¡Qué buenas noticias! ¿Cuál es el arma? El nombre del Señor: "¡Oh Señor, Dios nuestro, cuán glorioso es tu nombre en toda la tierra!" El medio por el que se expresa el nombre es la boca humana: "de la boca de los niños y de los que maman".

Las cosas espirituales se expresan con la boca; tanto las cosas buenas como las malas. Tomemos como ejemplo Apocalipsis 16: 13. Juan vio tres espíritus inmundos como ranas que salían de la boca del dragón, de la boca de la bestia y de la boca del falso profeta.

¿Por qué menciona el salmista la boca de los niños y de los que maman? Para demostrar que no necesitamos ser gigantes espirituales. Dios eligió a lo débil, lo sencillo, y las cosas despreciadas, con el fin de anular el reino de Satanás.

En el evangelio de Mateo leemos que Jesús citó el versículo de Salmos 8: 2 y nos dio la interpretación correcta. Los fariseos y los maestros principales del templo vinieron a Jesús quejándose de que había mucho ruido en los alrededores del templo. La gente estaba bailando, aplaudiendo, cantando hosanna, y eso molestó a los líderes religiosos. Entonces le dijeron a Jesús: "¿No oyes el ruido? ¿Es correcto hacer esto en el templo? ¿No puedes pedirles que se callen?"

Jesús les dio esta respuesta tomada de las Sagradas Escrituras: "¿Nunca leísteis: De la boca de los niños y de los que maman perfeccionaste la alabanza?" (Mateo 21: 16).

En otra ocasión, David escribió las palabras "...*fundaste la fortaleza.*" Jesús las interpretó como *perfeccionaste la alabanza.* ¿Qué nos dice esto a nosotros? Que la fundación de la fortaleza del pueblo de Dios es la alabanza. Cuando usted alaba el nombre del Señor hace callar al diablo.

¿Se da cuenta, amigo mío, por qué el diablo está tan ocupado intentando evitar que usted alabe al Señor? Cuando de manera efectiva y de todo corazón, a una voz, usted alaba el nombre de Jesús, le cierra la boca al diablo. Y si hay algo que al diablo jamás le gustó es tener la boca cerrada. Él hace todo lo posible (usando la presión religiosa, social y el temor al hombre) para evitar que usted alabe a Dios en oración y alabe el nombre de Jesús.

Dios me ha dado una especie de revelación, como si tuviera una pantalla de televisión en mi interior. De vez en cuando puedo ver grupos de creyentes alrededor del mundo alabando unidos, todos de común acuerdo, con sus manos levantadas alabando y exaltando el nombre del Señor. Dios me mostró que cuando esto sucede se quiebran los poderes espirituales de oscuridad que están sobre esa ciudad o nación. Ésta es la manera de expulsar la infiltración de los demonios y los ángeles de Satanás. El aire de nuestras ciudades, iglesias y hogares puede ser purificado por medio de esa alabanza perfecta.

La sangre de Jesús

Hay muchas cosas que quisiera decir sobre la sangre de Jesús en relación a la oración; éste será el tema del próximo capítulo. Pero quisiera hacer una sola mención aquí. Apocalipsis 12: 11 nos dice: "Y ellos le han vencido por medio de la sangre del Cordero y de la palabra del testimonio de ellos".

¿Quiénes son *ellos*? Los creyentes en la tierra. ¿A *quién* han vencido? A Satanás. Lo que quiero resaltar es que la victoria final viene sobre los creyentes. Este pasaje describe la guerra en el cielo. El arcángel Miguel y sus ángeles están peleando; Satanás y sus ángeles también. Pero los creyentes ganan la batalla por la sangre del Cordero y por la palabra de su testimonio.

Ellos desplazaron de los cielos a Satanás dando testimonio continuo de la sangre de Cristo. ¿Acaso no es ésa una revelación maravillosa? ¿Puede ver, amigo mío, por qué el diablo hará todo lo que pueda para cerrarle la boca? Pero cuando usted quiere alabar al Señor Jesús, o pronunciar la Palabra de Dios, o testificar de lo que Dios hizo por usted, Satanás querrá cerrar sus labios. ¿Por qué? Porque usted está derribando su fortaleza. Otro ejemplo de batalla espiritual que tenemos en el Antiguo Testamento es la historia de Josafat. En esa batalla el pueblo de Dios obtuvo la victoria absoluta; su enemigo fue totalmente vencido. Sólo tenían que recoger el botín. Quisiera que le demos una mirada breve a la estrategia de Josafat y miremos las armas que utilizó y la manera como obtuvo esa victoria. Creo que cada uno de estos principios son válidos y cada una de estas armas son útiles para nosotros en la actualidad.

Victoria espiritual

Josafat, rey de Judá, acababa de hacer volver el pueblo hacia Dios y de restablecer el sistema mosaico del Templo. Restableció también la Ley, el sacerdocio y los jueces. Hizo un trabajo maravilloso.

Entonces recibió una amenaza de invasión de una gran legión formada por moabitas, amonitas, edomitas y otros que se acercaban al reino desde el oriente, la dirección del Mar Muerto. Josafat se dio cuenta de que eran superados ampliamente en número y en poderío militar, tanto que no podían enfrentarlos sólo en el plano natural. Entonces, junto con los hijos de Judá, movió la batalla del plano natural al reino espiritual.

Primero, el pueblo de Dios ayunó: "Entonces él tuvo temor; y Josafat humilló su rostro para consultar al Señor, e hizo pregonar ayuno a todo Judá." (2º de Crónicas 20: 3).

En esta ocasión los hijos de Dios enfrentaron un asunto de vida o muerte y se dedicaron a buscar al Señor. Este no fue un ayuno individual y privado; fue un ayuno colectivo de todo el pueblo de Judá que enfrentó el peligro inmediato de una derrota militar y la posible exterminación. Ellos sabían que el último gran recurso del pueblo de Dios es el ayuno colectivo.

Segundo, esta fue una reunión de unidad: "Y se reunieron los de Judá para pedir socorro al Señor; y también de todas las ciudades de Judá vinieron a pedir ayuda al Señor" (versículo 4). En cada gran crisis de su historia, los judíos olvidaron sus diferencias y se reunieron como un solo hombre.

La siguiente cosa que hicieron todos fue orar:

> *Entonces Josafat se puso en pie en la asamblea de Judá y de Jerusalén, en la casa del Señor, delante del atrio nuevo; y dijo: Señor, Dios de nuestros padres, ¿no eres tú Dios en los cielos y tienes dominio sobre todos los reinos de las naciones? ¿No está en tu mano tal fuerza y poder, que no hay quien te resista? Dios nuestro, ¿no echaste tú los moradores de esta tierra delante de tu pueblo Israel, y la diste a la descendencia de Abraham tu amigo para siempre?*
> 2º de Crónicas 20: 5 – 7

Note que Josafat no oró al azar. Oró citando la Palabra escrita de Dios tal como la conocía. Le *recitó* a Dios su misma Palabra.

Este es un buen ejemplo de orar con base en la voluntad de Dios, repitiéndole lo que él ya se ha comprometido a hacer. Josafat hizo exactamente este tipo de oración. Volvió sobre la historia de su pueblo, los registros del Antiguo Testamento, la Ley de Moisés, los jueces y los profetas. De esa manera le dijo: "Dios, tu nos prometiste esto y aquello. Haz como dijiste."

Y tan pronto terminó de orar, vino una profecía.

Y estaba allí Jahaziel hijo de Zacarías, hijo de Benaía, hijo de Jeiel, hijo de Matanías, levita de los hijos de Asaf, sobre el cual vino el Espíritu del Señor en medio de la reunión; y dijo: Oíd Judá todo, y vosotros moradores de Jerusalén, y tú, rey Josafat.

Versículos 14 – 15

Siempre que el pueblo de Dios ayune y alabe unido, hay revelación profética. Creo que el ministerio profético surge de la comunión del pueblo de Dios que lo busca con ansias. Nada de rituales religiosos ni reuniones sociales. Tan sólo corazones desesperados en su presencia.

Este hombre apareció con las profecías en sus labios y con una palabra de sabiduría dijo: "No teman... porque la guerra no es de ustedes sino de Dios. No será necesario que ustedes peleen en este caso. Todo lo que tienen que hacer es descender mañana por la cuesta de Sis y van a ver que Dios ya ha arreglado cuentas con sus enemigos."

Luego utilizaron una arma más: la alabanza. "Se levantaron los levitas de los hijos de Coat y de los hijos de Coré para alabar al Señor Dios de Israel con fuerte y alta voz" (versículo 19). Y las alabanzas continuaron el día siguiente:

*Y habido consejo con el pueblo, puso a algunos que
cantasen y alabasen al Señor, vestidos de ornamen-
tos sagrados, mientras salía la gente armada, y que
dijesen: Glorificad al Señor porque su misericordia
es para siempre.*

Versículo 21

La vanguardia de este ejército fue un grupo de sacerdotes que cantaban y alababan. Yo me inclinaría a creer
que también estaban danzando. Conozco un poco a los
judíos y sé que no pueden cantar y alabar sin que empiecen a danzar: "Y cuando empezaron a entonar can-
tos de alabanza el Señor puso contra los hijos de Amón,
de Moab y del monte de Seir las emboscadas de ellos
mismos que venían contra Judá [contra sus enemigos]"
(versículo 22).

En medio de sus alabanzas el Señor trató con el enemigo. ¡Qué revelación tan maravillosa! Usted alaba al
Señor y él ministra sus problemas. ¡Ah, qué bueno que
el pueblo de Dios pudiera entender esto en la actualidad! Nuestras armas sólo son poderosas en Dios. Nos
levantamos e invocamos a Dios y dividimos ese cielo
intermedio de tinieblas entre nosotros. Dios desciende
y toca cualquier problema que enfrentemos como individuos o como nación. Cuando usamos las armas espirituales que Dios nos dio, él será tan fiel con nosotros
hoy como lo fue con Josafat y con los hijos de Judá.

Todo enemigo que los enfrentó en la batalla fue
destruido. Les tomó tres días recoger el botín. Luego
regresaron a Jerusalén con Josafat adelante alabando
al Señor, y el temor de Dios cayó sobre todos los reino de alrededor. De ahí en adelante no tuvieron más

problemas de invasiones militares (ver los versículos 25 – 30).

¿Cree usted que eso puede ocurrir hoy? ¿Cree que los creyentes pueden hacer esto en todo el mundo? Que el Señor nos dé, aunque sea, una pequeña vislumbre de su gloria y su grandeza. Y que oremos hasta que todas las huestes satánicas sean atadas, reprimidas y finalmente arrojadas al abismo.

7

El Arma Atómica de Dios:
La Sangre de Jesús

Después hubo una gran batalla en el cielo: Miguel y
sus ángeles luchaban contra el dragón; y luchaban
el dragón y sus ángeles; pero no prevalecieron,
ni se halló ya lugar para ellos en el cielo. Y fue
lanzado fuera el dragón, la serpiente antigua, que
se llama diablo y Satanás, el cual engaña al mundo
entero; fue arrojado a la tierra, y sus ángeles fueron
arrojados con él. Apocalipsis 12: 7 - 9

E l libro de Apocalipsis describe una guerra en
los cielos. El arcángel Miguel y sus ángeles lu-
charon contra el diablo y sus ángeles. El diablo
–la serpiente antigua– no prevaleció. Fue arrojado de
los cielos a la tierra junto con sus ángeles.

Ahora bien, soy consciente de que hay varias maneras de interpretar el libro de Apocalipsis. Tengo la convicción personal de que los acontecimientos descritos

en este pasaje ocurrirán en el futuro. He estudiado las interpretaciones que del Apocalipsis hace la escuela de los historicistas, las cuales pretenden demostrar que los eventos de la historia, desde la era cristiana hasta ahora, se han representado mediante arquetipos, símbolos, y patrones culturales, y así sucesivamente; pero yo no puedo creerlo. Para mí eso no coincide con los hechos de la historia ni con los de la Revelación

Recuerde que el nombre *Satanás* significa "el resistidor." Ese es su nombre porque esa es su naturaleza. Satanás resiste –deliberada y persistentemente– cada propósito de bendición de la gracia y la misericordia de Dios. Y no resiste a Dios solamente sino también a su pueblo. Desde el momento en que profesamos fe en Jesucristo quedamos inmersos en una guerra. Esta revelación de los futuros acontecimientos tiene mucho que ver con *saber cómo orar*, puesto que somos sacerdotes del Reino que buscamos discernir la voluntad de Dios.

Yo he dicho, y lo sigo repitiendo, que la tierra no es el centro del universo, pero sí es su escenario. El apóstol Pablo dijo que "somos un espectáculo ante el mundo, ante los ángeles y ante los hombres" (1ª de Corintios 4: 9). En este momento el mundo invisible nos observa con atención.

Y en este pequeño escenario de este humilde planeta se desarrolla el último gran drama de la era actual. El acontecimiento que hace parte del final del drama es el desalojo de Satanás y sus ángeles del cielo y su posterior lanzamiento a la tierra. En otras palabras, lo que dice Efesios 6: 12 todavía es válido. Estamos involucrados en una lucha con las fuerzas satánicas, esas huestes espirituales de maldad, desobediencia y rebelión que están en los cielos. Miremos más detenidamente lo que está llevándonos a este escenario final para que podamos entender cuál es nuestra responsabilidad actual de oración.

La actual ocupación de Satanás

Apocalipsis 12 nos permite echar una rápida mirada a la obra actual de nuestro enemigo, la que cada uno de nosotros necesita recordar. "El acusador de nuestros hermanos, el que los acusaba delante de nuestro Dios día y noche, ha sido lanzado fuera" (versículo 10). En el momento presente Satanás tiene una tarea suprema con la cual se encuentra muy ocupado: acusarnos a usted y a mí –nuestros *hermanos* se refiere a los creyentes– delante del trono de Dios, día y noche. Descubre toda falta, debilidad, defecto e inconsistencia que puede en nuestro carácter, nuestros motivos y nuestra conducta, y la reporta al Señor.

Las Sagradas Escrituras indican claramente que antes de su caída, Satanás era un ángel de alto rango. El nombre más común que la Escritura le asigna es *Lucifer* que significa "portador de luz." En ese tiempo, cuando todavía él estaba en buena relación con Dios, su tarea era portar información de esta área del universo. Cuando se rebeló y cayó, como muchos otros rebeldes que yo conozco, trató de asumir las cosas como si nada hubiera pasado. De esta manera continúa llevando su información, reportes inmisericordes, críticos, amargos y cínicos acerca de nosotros. Nos destroza cuando reporta nuestros motivos y nuestra conducta. Lo más triste es que muchas veces le ayudamos al acusar a nuestros hermanos. No debemos convertirnos en críticos de los

hijos de Dios porque el diablo lo hace muy bien sin nosotros. Sobre todo, no se convierta usted en un cínico.
Si se entrega a la auto-condenación le hace el trabajo al
diablo en su propia vida. Si usted es una nueva criatura
en Cristo, viva como un verdadero hijo de Dios.

Nuestra respuesta en Jesús

Todo este asunto de nuestra lucha contra Satanás se
centra en uno de los atributos de Dios: la justicia. Por
causa de la justificación que nos consiguió el Señor Jesús, Dios hizo posible que el diablo ya no tenga nada
que llevar al cielo en contra nuestra. "A quien no conoció pecado [Jesús], por nosotros lo hizo pecado, para
que nosotros fuésemos hechos justicia de Dios en él" (2ª
de Corintios 5: 21).

No intente presentar en su defensa el estilo de vida
religiosa de su denominación bautista, metodista, o católico romano. Cuando usted se presenta ante Dios con
la justicia de Jesucristo, usted está justificado. Ya no tiene nada más que decir.

Usted descubrirá que puede lograr su progreso espiritual en la medida en que acepta y se apropia por fe de
la justicia de Jesucristo a su favor. Esa es la gran lección
que tenemos que aprender como hijos de Dios. Somos
aceptos en el Amado no por lo que somos sino por lo
que Jesús hizo. Las palabras de Jesús en Mateo 6: 33
son a menudo malentendidas: "Buscad primeramente
el reino de Dios y su justicia." En otras palabras, no su
propia justicia. En Romanos 10: 3 Pablo escribió que la
nación judía estaba intentando establecer su propia justicia. No se habían sometido a la justicia de Dios por la
fe en Jesucristo.

Se requiere humildad para aceptar la justicia de Jesús porque eso implica, en primer lugar, que renunciamos totalmente a nuestra antigua justicia propia. "Todas nuestras justicias son como trapos de inmundicia" (Isaías 64: 6). Note que, a la vista de Dios, no son nuestros pecados sino nuestras *justificaciones* (o disculpas) las que son como trapos de inmundicia. Mientras hagamos gala del trapo sucio de nuestra membresía en la iglesia, o de nuestras buenas obras, o de nuestra vida piadosa, el diablo nos despedazará en presencia de Dios. Pero cuando llegamos al punto en que descansamos solamente en la sangre de Cristo y su justicia, no hay nada en nosotros sobre lo cual el diablo pueda poner su dedo para levantar una acusación delante de Dios.

Cómo es vencido Satanás

En cierto momento Satanás será arrojado del cielo. El cielo será purgado.

> *Por eso, ¡alégrense, cielos, y ustedes que los habitan! Pero, ¡ay de la tierra y del mar! El diablo, lleno de furor, ha descendido a ustedes, porque sabe que le queda poco tiempo. Cuando el dragón se vio arrojado a la tierra, persiguió a la mujer que había dado a luz el varón.*
> Apocalipsis 12: 12 – 13, NVI

Alégrate cielo, ¡pero cuídate tierra!

Cuando el diablo es arrojado a la tierra llega aquí sabiendo que le quedan sólo unos pocos años. Para mí es claro que estamos discutiendo un período de tiempo específico, y que el diablo, que es un buen estudiante de la profecía, lo sabe bastante bien. Cuando venga aquí sabrá que tiene "un tiempo, y tiempos, y la mitad de un tiempo" (Apocalipsis 12: 14). Generalmente se ha aceptado que esto significa tres años y medio. Jesús dijo que "aquellos días serán acortados" (ver Mateo 24: 22), de modo que por lo menos unos cuantos días se descontarán al final. Luego el diablo será atado y encarcelado en el abismo.

Ahora bien, teniendo todo esto como fondo de los acontecimientos futuros aprendemos más acerca de nuestra misión en la oración para procurar la derrota final de Satanás.

Entonces oí una gran voz en el cielo, que decía: ahora ha venido la salvación, el poder, y el reino de nuestro Dios, y la autoridad de su Cristo; porque ha sido lanzado fuera el acusador de nuestros hermanos, el que los acusaba delante de nuestro Dios día y noche. Y ellos le han vencido por medio de la sangre del Cordero y de la palabra del testimonio de ellos, y menospreciaron sus vidas hasta la muerte.

Apocalipsis 12: 10 – 11

Los ángeles tienen su parte o su rol a desempeñar, tal como ocurrió con Daniel, pero finalmente son los creyentes sobre la tierra los que desalojan a Satanás de su lugar en los cielos.

Apocalipsis 12: 11 nos dice no solamente que son los creyentes quienes vencerán a Satanás sino también la forma en que lo harán. Mire este versículo otra vez donde se describe la escena real: "Ellos [los creyentes] le han vencido por medio de la sangre del Cordero y de la palabra del testimonio de ellos porque menospreciaron sus vidas hasta la muerte."

Estas son personas totalmente dedicadas a Dios. Si viven o mueren, eso carece de importancia para ellas. Lo que *es* importante es que deben cumplir la función que Dios les señaló para vencer a Satanás y arrojarlo de su lugar. Y lo hacen utilizando el "arma atómica" de Dios: la sangre del Cordero y la palabra de su testimonio.

Probablemente usted es consciente de lo que a menudo se menciona como "invocar la sangre." Creo que la mayoría de los cristianos nunca han considerado cuidadosamente y a la luz de las Escrituras lo que realmente quiere decir utilizar la sangre del Cordero por la palabra de nuestro testimonio. Este es el significado: *Testificar personalmente lo que la Palabra de Dios dice que la sangre de Jesús hace por uno.*

Las palabras claves son *testimonio*, *Palabra* y *sangre*. Usted *testifica* personalmente lo que la *Palabra*, que es la Escritura, declara que la *sangre* de Cristo hace por usted. Para que sea efectiva tiene que hacerla personal. ¿A quién le testifica? A Satanás. ¡Esta no es una reunión para testificar entre creyentes! Es una afirmación donde usted y yo nos enfrentamos cara a cara con el enemigo de nuestras almas. Le hablamos directamente a él en el nombre y con la autoridad del Señor Jesucristo, y le decimos lo que la Palabra de Dios declara que la sangre de Cristo hace por nosotros.

Lo referente a la sangre

En la siguiente sección veremos las declaraciones que contiene la Palabra de Dios acerca de la sangre. Es obvio que a fin de aplicarla tenemos que saber lo que ella dice. De hecho, si alguien permanece ignorante de la Palabra divina será finalmente presa del diablo. Como ya lo hemos visto, la Escritura dice que es responsabilidad suya y mía utilizar "la espada del Espíritu, que es la palabra de Dios" (Efesios 6: 17).

Antes de seguir adelante quiero mencionar una notable ilustración del Antiguo Testamento de cómo aplicar la sangre para obtener liberación. Éxodo 12 es el capítulo de la Pascua. Recordará usted que la Pascua fue el medio que Dios utilizó para sacar a Israel de la servidumbre, las tinieblas y la miseria de la esclavitud en Egipto. A través de todas las Escrituras se le menciona como la ilustración de nuestra liberación de la servidumbre, las tinieblas y la miseria de la esclavitud de Satanás y el pecado.

Toda la liberación del pueblo de Israel de Egipto se centra en el Cordero Pascual. El décimo día del primer mes, cada familia tuvo que escoger un cordero, y en la noche del día catorce tuvieron que sacrificarlo. Finalmente la protección se logró aplicando la sangre del cordero sacrificado en el dintel de la casa de cada familia Israelita que habitaba en Egipto. Dios dijo que cuando viera la sangre en la puerta pasaría de largo por aquella casa y no se le permitiría al destructor entrar en ella.

Cuando los Israelitas sacrificaron los corderos depositaron cuidadosamente hasta la última gota de sangre en un recipiente. Ahora bien, el problema –si es que podemos usar aquí esa palabra– era aplicar la sangre del cordero en el lugar señalado. Mientras estaba en la vasija no protegía a nadie. Si ellos hubieran recogido la sangre en la vasija y la hubieran mantenido allí, ningún hogar hubiera sido protegido. Tenían que pasarla del recipiente a los dinteles de las puertas.

Dios les proveyó un medio, y sólo uno– para liberarlos. Les dijo que tomaran un manojo de hisopo –una planta pequeña que crece profusamente en todo el Medio Oriente– y que introdujeran el hisopo en la sangre. Con el hisopo goteante de sangre debían golpear el dintel y los marcos de las puertas de sus casas. El hisopo, aunque humilde, fue una parte esencial del plan total de liberación.

Note también que la sangre debía quedar en el dintel y en los dos marcos, no en el umbral. La sangre es tan sagrada que jamás debemos pisarla. El libro de Hebreos habla de los que "pisotean al Hijo de Dios y tienen por inmunda la sangre del pacto." Es una referencia al mal uso de la sangre y a su aplicación donde no es debido (ver Hebreos 10: 29).

Esta historia del antiguo Testamento de la aplicación de la sangre es una analogía de nuestra salvación en Cristo. Pablo escribió que "Cristo nuestra Pascua fue sacrificado por nosotros" (1ª de Corintios 5: 7). Él murió; su sangre fue derramada. Siguiendo la analogía, la sangre está ahora en la vasija; pero allí no hace nada por nosotros; tenemos que transferirla de la vasija al lugar de nuestra necesidad personal, ya sea una necesidad espiritual, física, financiera, familiar o de negocios. Cualquiera que sea nuestra necesidad tenemos que tomar la sangre de Jesús de la vasija y aplicarla a la petición. Dios proveyó un medio para que lo hagamos.

No es el hisopo, por supuesto. Es por nuestro testimonio que transferimos la sangre del recipiente a la puerta de nuestra vida y a nuestras necesidades personales. Cristo fue sacrificado, su sangre fue derramada, y es por eso que la protección está a disposición nuestra. Cuando yo testifico lo que la Palabra de Dios dice que la sangre hace por mí, es como si tomara el hisopo, lo mojara en la sangre y la rociara sobre mí. En ese momento tengo la protección y todos los derechos legales de la sangre de Jesús sobre mí, sobre mi situación, mi cuerpo, mi casa, mi vida; sobre lo que sea mi necesidad.

Por la aplicación de la sangre el diablo pierde su oportunidad de hostigarnos, herirnos e invadir nuestros hogares. No puede pasar sobre la sangre del Señor Jesucristo.

La palabra de nuestro testimonio

Ahora consideremos lo que la Palabra de Dios dice que la sangre de Jesús hace por nosotros. Miraremos sucesivamente cierto número de declaraciones y le mostraré cómo aplicarlas en oración con el hisopo de su testimonio personal.

Sería conveniente que memorizara estos versículos. Si yo estuviera solo en una noche oscura, en un cuarto en tinieblas, podría citar cada uno de estos versículos sin el menor problema. Yo vivo por estas Escrituras; mantengo el hisopo en mi mano. Es raro el día en que no hago uso de la sangre de Cristo.

Perdonados en Cristo

Efesios 1: 7 nos dice dos cosas que tenemos cuando estamos en Cristo: "En [Cristo] tenemos redención por su sangre, el perdón de pecados, según las riquezas de su gracia."

Recuérdelo: cuando estamos separados de Cristo, la sangre no nos aprovecha. Durante la Pascua en Egipto la sangre no protegió a quienes no estaban dentro de sus casas. En esto vemos que en Cristo tenemos perdón y redención de nuestros pecados.

Redención significa "comprado de nuevo por un precio que hubo de ser pagado." Miremos otro versículo que nos dice de qué fuimos redimidos: "Díganlo los redimidos del Señor, los que ha redimido del poder del enemigo" (Salmo 107: 2). A propósito, esta es una de las porciones escriturales de mayor importancia para enseñar el valor de nuestro testimonio. "Díganlo los redimidos del Señor" significa coger el hisopo y usar la sangre de Cristo.

Con respecto a nuestra redención, nosotros estábamos en las manos del diablo. ¿Sabía usted eso? Yo no tengo problema en reconocer que estaba en las manos del diablo porque ya no estoy, pues he sido redimido. Pero si quiero disfrutar la efectividad de la redención a través de la sangre de Jesús tengo que decirlo.

Aquí tiene, pues, mi testimonio, sobre la base de Efesios 1: 7: *Mediante la sangre de Jesús soy redimido de la mano del diablo.*

Este mismo pasaje escritural me dice que todos mis pecados son perdonados, de modo que mi siguiente testimonio es este: *Mediante la sangre de Jesús, todos mis pecados son perdonados.*

Cumplir con las condiciones

El siguiente versículo se encuentra en la primera carta de Juan 1: 7: "Si andamos en luz, como él está en luz, tenemos comunión unos con otros, y la sangre de Jesucristo [el Hijo de Dios] nos limpia de todo pecado."

Estos verbos están todos en tiempo presente continuo lo que indica un proceso en marcha. Si andamos en la luz continuamente tenemos comunión con Dios y la sangre de Jesús nos limpia continuamente. La limpieza mediante la sangre de Jesús no es una experiencia única y aislada; es algo siempre presente. Si yo cumplo con las condiciones, si camino en la luz, si tengo comunión con mis hermanos creyentes, entonces mi testimonio es este: *La sangre de Jesucristo, el Hijo de Dios, me limpia continuamente de todo pecado.*

Somos hechos justos

Romanos 5: 9 dice que somos "justificados por la sangre de Jesús." El término *justificado* no lo entienden muchos creyentes de nuestros días. *Ser justificado* significa "ser hecho justo."

¿Y qué es ser hecho justo? Esta es mi definición favorita: Ser justificado es ser considerado como si nunca hubiera pecado. Cuando soy hecho justo con la justicia de Jesucristo es como si jamás hubiera pecado.

Aquí viene nuestro siguiente testimonio: *Mediante la sangre de Jesús soy justificado, hecho justo, considerado como si jamás hubiera pecado.*

Ser apartado

Hebreos 13: 12 dice que somos santificados mediante la sangre de Jesús: "Por lo cual también Jesús, para santificar al pueblo mediante su propia sangre, padeció fuera de la puerta." La palabra *santificar* es similar en su forma a la palabra *justificar*. Justificar significa "hacer justo o recto." *Santificar* significa "hacer santo." La persona que es hecha santa es apartada para Dios. En otras palabras, cuando soy apartado para Dios ya no estoy en territorio del diablo. Estoy apartado del diablo por la sangre de Jesús.

Dios le dijo a Faraón que iba a hacer una diferencia redentora entre el pueblo Egipcio y el de Israel. Las plagas que vendrían sobre Egipto no afectarían a Israel aun cuando habitaran allí porque había una diferencia redentora. En nuestras vidas esta diferencia es la sangre de Jesús.

Nunca fue voluntad de Dios que su juicio para los malos cayera sobre los justos. Si soy apartado para Dios por la sangre de Jesús, entonces los juicios de Dios para los malos jamás deben caer sobre mí. No estoy en el territorio donde se aplican esos juicios.

Y este es nuestro siguiente testimonio: *Mediante la sangre de Jesús, soy santificado, hecho santo, apartado para Dios.*

Comprado por un precio

El clímax de nuestro testimonio lo encontramos en la primera carta de Pablo a los Corintios 6: 19 – 20. Pero primero quiero que miremos otros dos versículos de este capítulo de 1ª de Corintios. Aquí tiene uno: "Pero el cuerpo no es para la fornicación, sino para el Señor, y el Señor para el cuerpo" (versículo 13). Luego leemos: "¿No sabéis que vuestros cuerpos son miembros de Cristo?" (Versículo 15).

Su cuerpo es para el Señor, y el Señor es para su cuerpo. Si usted no usa mal su cuerpo siendo impuro o inmoral, o glotón, o borracho; si no ingiere nicotina o cualquiera de esas horribles sustancias que destruyen los tejidos y las células, y si aparta su cuerpo para el Señor, entonces puede decir: "Mi cuerpo es para el Señor y el Señor es para mi cuerpo." Pero debe estar seguro que su cuerpo es para el Señor. Y tenemos que incluir en este aspecto ese pequeño miembro ingobernable: la lengua. ¡Cuidemos lo que decimos!

Ahora llegamos al clímax:

> *¿O ignoráis que vuestro cuerpo es templo del Espíritu Santo, el cual está en vosotros, el cual tenéis de Dios, y que no sois vuestros? Porque habéis sido comprados por precio; glorificad, pues, a Dios en vuestro cuerpo y en vuestro espíritu, los cuales son de Dios.*
>
> 1ª de Corintios 6: 19 – 20

El Señor lo quiere a usted como persona; por usted pagó el precio de su preciosa sangre. Si quiere retener su propia vida, puede hacerlo; pero en tal caso, recuerde que no ha sido comprado. No puede ser de dos maneras. Si pertenece a Dios no se pertenece a sí mismo; si usted es su mismo dueño, entonces Dios no lo es.

Cuando Jesús murió en la cruz pagó el precio de una redención total. No redimió sólo una parte de usted; redimió su ser integral. Si aceptó la redención por la sangre de Cristo, su espíritu, su alma y su cuerpo son de Dios porque Jesús pagó el precio de su sangre para hacerlo posesión suya.

Este es nuestro siguiente testimonio: *Mi cuerpo es un templo del Espíritu Santo, redimido, limpiado, santificado por la sangre de Jesús. Por lo tanto Satanás no tiene lugar en mí, ni poder sobre mí.*

Ahora podemos tomar todas esas porciones de las Escrituras y unirlas en un poderoso testimonio. Y citando una frase popular: "¡apriétese el cinturón!" En mi experiencia personal he comprobado que esta es la forma más poderosa para tratar con el poder de Satanás. Si usted hace con fe esta confesión, me sorprendería mucho si el enemigo puede resistirlo.

En realidad uno de los grandes ministerios del Espíritu Santo a través de la Palabra es aguijonear al diablo y hacerlo que se mueva. Muchas personas me han dicho que llevaban una vida mucho más apacible antes de ser bautizados con el Espíritu Santo. Eso no es sorprendente porque el Espíritu fuerza al enemigo a salir a campo abierto para que usted pueda cazarlo.

Entonces este es nuestro testimonio mediante el cual aplicamos la sangre a nuestras vidas. Las citas bíblicas preceden a cada confesión:

- *Efesios 1: 7:* Mediante la sangre de Jesús soy redimido de la mano del diablo.

- *Efesios 1: 7:* Por la sangre de Jesús todos mis pecados son perdonados.

- *1ª de Juan 1: 7:* La sangre de Jesucristo [el Hijo de Dios], me limpia continuamente de todo pecado.

- *Romanos 5: 9:* Mediante la sangre de Jesús soy justificado, hecho justo, considerado como si jamás hubiera pecado.

- *Hebreos 13: 12:* Por la sangre de Jesús soy santificado, hecho santo y apartado para Dios.

- *1ª de Corintios 6: 19 – 20:* Mi cuerpo es un templo del Espíritu Santo, redimido, limpiado y santificado por la sangre de Jesús. Por lo tanto, Satanás no tiene lugar en mí, ni poder sobre mí.

Si usted realmente cree estas palabras, lo siguiente que hará será alabar a Dios por ello. Aquí tiene una palabra de alabanza que puede utilizar:

Gracias Señor, por la preciosa sangre de Jesús. Gracias por la sangre redentora de Cristo. Gracias por la preciosa sangre justificadora y santificadora del Cordero de Dios. Bendito sea el nombre del Señor. Te alabo Jesús porque pagaste el precio de mi redención. Tú derramaste tu sangre preciosa en la cruz. Tú eres el Cordero inmolado desde antes de la fundación del mundo. Y ahora, Señor, tomo la sangre de la vasija y la transfiero a mis propias necesidades personales con el hisopo de mi testimonio. Amén.

Tres testigos

Permítame llamar su atención a un pasaje más de la Escritura que es pertinente para este tipo de oración. Hablando de Jesús, la Palabra dice lo siguiente:

Este es Jesucristo que vino mediante agua y sangre; no mediante agua solamente, sino mediante agua y sangre. Y el Espíritu es el que da testimonio porque el Espíritu es la verdad. Y tres son los que dan testimonio en la tierra: el Espíritu, el agua y la sangre; y estos tres concuerdan.

1ª de Juan 5: 6, 8

Este pasaje habla de tres testigos. Dos testigos era todo lo que en realidad se necesitaba para las transacciones legales en los días de Juan. Un tercer testigo provee una fuerte confirmación. Los tres testigos son, el agua, la sangre y el Espíritu Santo.

Jesús vino por agua y sangre. El agua aquí es la limpieza por la Palabra. Jesús dijo a sus seguidores: "Ya vosotros estáis limpios por la palabra que os he hablado" (Juan 15: 3).

Después de derramar su sangre, su propósito siguiente fue santificar y limpiar a su Esposa. Efesios 5: 25 – 27 dice que Cristo redimió a la Iglesia con su sangre para santificarla y purificarla en el lavamiento del agua por la palabra. De esta manera hace a su esposa aceptable para sí mismo.

El que da testimonio es el Espíritu Santo, y lo hace porque él es la verdad. Así que el agua, la Palabra y la sangre derramada en la cruz concuerdan en uno.

Cuando en nuestra vida llegamos a este punto de acuerdo divino entre estos tres testigos, hemos vencido a Satanás. El testimonio que yo le he enseñado es verdad; utiliza la Palabra para testificar de la sangre. Pero el efecto real ocurre cuando el Espíritu da testimonio.

En otras palabras, no hay nada en la vida cristiana que sea exactamente un conjunto de reglas. La salvación no es una técnica. La sanidad tampoco lo es, ni la liberación de espíritus demoniacos. Cualquiera que pretenda reducir alguna de estas cosas a un conjunto de reglas, se equivoca. El propósito de todo lo anterior es este: cuando usamos el agua de la Palabra, cuando utilizamos la sangre en nuestro testimonio, y cuando el Espíritu da testimonio, entonces los cielos se abren y descienden a la tierra.

A este punto es al que debemos llegar si hemos de obtener con la oración los resultados que usted y yo necesitamos. Mire una vez más al testimonio, esta vez sin las referencias, y la oración de mandato con la cual termina. Permítale al Espíritu Santo que dé testimonio de su poder.

Mediante la sangre de Cristo yo soy redimido del poder del diablo. Por la sangre de Jesús todos mis pecados son perdonados. La sangre de Jesucristo, el Hijo de Dios, me limpia continuamente de todo pecado. Por la sangre de Jesús soy justificado, soy hecho justo como si nunca hubiera pecado. Por esa misma sangre soy santificado, hecho santo, separado para Dios. Mi cuerpo es templo del Espíritu Santo, redimido, limpiado y santificado por la sangre de Jesús. Por lo tanto, mediante el poder de la sangre de Jesús, Satanás no tiene ningún lugar ni ningún poder en mí. Renuncio a Satanás, me libero a mí mismo de su poder y le ordeno que salga de mí, en el nombre de Jesús. Amén.

8

EL AYUNO: NUESTRA RESPUESTA A LOS PROPÓSITOS DE DIOS

Proclamad ayuno, convocad a asamblea...
y clamad al Señor. Joel 1: 14

A través de este libro hemos estado aprendiendo que Dios quiere responder nuestras oraciones. Cuando pedimos dentro de la voluntad de Dios, cumpliendo con las condiciones requeridas, nuestras oraciones son contestadas. También nos damos cuenta de que el enemigo procura obstaculizarnos; por lo tanto, tenemos la responsabilidad de orar con persistencia hasta que la respuesta llegue.

Suponga, por ejemplo, que Dios ha declarado que es su voluntad sanarlo de alguna dolencia. Si Dios le ha dado una promesa de sanidad no es el momento para sentarse y decir: "Lo dejo en manos de Dios. Si es su voluntad, lo hará de todos modos." Eso está muy lejos de la mente de Dios.

La respuesta apropiada es esta: "Dios, tú lo has prometido. Gracias, Señor. Te buscaré con todo mi corazón para que cumplas lo que has prometido. Amén"

Esta es la oración que Dios quiere que hagamos cuando él actúa para cumplir las promesas de su gracia a favor de su pueblo. Él desea que lo busquemos aunque nos haya dicho lo que planea hacer. Esto es válido no solamente en las peticiones individuales sino también en cuanto a las promesas para las naciones y para el mundo.

En este capítulo miraremos una promesa de Dios que afecta en particular a los creyentes. ¿Qué quiere hacer Dios por su pueblo en estos *Últimos Días*? ¿Y cuál debe ser nuestra respuesta? Las Sagradas Escrituras nos responden ambos interrogantes.

Una respuesta apropiada

Empecemos con una Escritura profética acerca del pueblo de Israel que nos ayuda a entender un poco más nuestra respuesta correcta a los propósitos declarados de Dios. Esta profecía de Ezequiel se refiere a la restauración del pueblo hebreo, y también es aplicable a los propósitos de Dios para la Iglesia universal. Realmente muchas cosas en la restauración natural de Israel –como la higuera–, son patrones y ejemplos de la restauración espiritual de la Iglesia –también la viña–.

La última parte del texto de Ezequiel 36 es una promesa divina de restaurar al pueblo de Israel a su propia tierra y devolverle su heredad. Probablemente la mayor prueba objetiva de que la Biblia es un libro actual y confiable es el hecho de que Dios está restaurando a los israelitas en su propia tierra. Si esta restauración nunca ocurriera tendríamos que coger nuestra Biblia y tirarla como un libro inútil porque toda ella habla de ese hecho.

En el texto que comienza con el versículo 24 y termina con el 30, encontramos que en siete versículos Dios dice más de una docena de veces que hará ciertas cosas por la Casa de Israel, por causa de su santo nombre (ver versículo 22). En otras palabras, la intervención de Dios no se debe a los méritos de Israel; es por la fidelidad de Dios a sus promesas y a su preocupación por la gloria de su propio nombre, todo lo cual lo mueve a intervenir de esta manera.

Mire los dos primeros versículos de este pasaje:

Y yo os tomaré de las naciones, y os recogeré de todas las tierras, y os traeré a vuestro país. Esparciré sobre vosotros agua limpia, y seréis limpiados de todas vuestras inmundicias; y de todos vuestros ídolos os limpiaré.
Ezequiel 36: 24 – 25

Dios menciona aquí ciertas cosas que hará a favor de su pueblo. Cinco veces utiliza un verbo que describe una acción suya a favor de su pueblo escogido. Y mire todavía las palabras con que termina esta gran profecía: "Así ha dicho el Señor: Aún seré solicitado por la casa de Israel para hacerles esto" (versículo 37). La palabra hebrea traducida como *solicitar* significa originalmente "buscar a Dios con gran anhelo y vehemencia." Aunque

Dios ha declarado lo que va a hacer, no obstante desea que su pueblo lo busque ansioso y confiado. Yo veo en este versículo un principio de la relación con Dios y del trato con su pueblo que lo invoca: *El predestinado propósito de Dios provoca la libre respuesta del hombre, de acuerdo con el preconocimiento divino.*

En efecto, es como si Dios nos dijera: "Cuando tú me ves intervenir a tu favor de esta manera, cuando ves que mis promesas se cumplen, espero una respuesta tuya. Espero que por tu propia voluntad te vuelvas a mí en humildad y me busques con vehemencia, en oración, para que cumpla lo que te he prometido, y cuya realización ya has empezado a presenciar."

Es decir, que cuando Dios en su gracia soberana comienza a actuar a favor de su pueblo cumpliendo las profecías de su Palabra, el hombre que ve este cumplimiento no se sienta diciendo:

"¡Maravilloso! ¡Miren lo que Dios está haciendo!"

Esa no es la respuesta apropiada. La respuesta correcta debe ser una expresión de agradecimiento como esta:

"¡Bendito sea el Señor! Dios está actuando a nuestro favor. Busquémoslo con todo el corazón para que cumpla la buena palabra que ha prometido."

Como lo vimos en el capítulo 6, habrá un tiempo para danzar cuando la batalla termine. Ese es el momento para recoger el botín. Pero hasta entonces, el deseo de conocer la voluntad de Dios debe provocar en nosotros una nueva medida de vehemencia espiritual.

El propósito de Dios para su Iglesia

Hagámonos ahora una importante pregunta: ¿Cuál es el propósito de Dios para nosotros los que formamos el Cuerpo de Cristo? ¿Qué ha revelado Dios que hará en nuestro favor? ¿Qué lo vemos haciendo en este tiempo?

Dos pasajes de la Sagrada Escritura nos dan la respuesta. El primero es Hechos 2: 17 en donde Dios hace una declaración de lo que haría por su pueblo en los últimos días: "...En los postreros días, dice Dios, derramaré de mi Espíritu sobre toda carne, y vuestros hijos y vuestras hijas profetizarán; vuestros jóvenes verán visiones, y vuestros ancianos soñarán sueños."

Gracias a Dios que no dijo: "Derramaré de mi Espíritu Santo si las iglesias se unen, o si los teólogos se ponen de acuerdo, o si los obispos permiten, porque entonces nunca ocurriría. Dios dice: "No importa lo que pase, voy a cumplir mi palabra. Esta es mi gracia soberana y mi intervención predestinada a favor de mi pueblo. Derramaré mi Espíritu sobre toda carne. Sus hijos y sus hijas profetizarán; sus jóvenes verán visiones y sus ancianos soñarán."

Cuando el apóstol Pedro citó esa declaración el Día de Pentecostés la relacionó directamente con una profecía del libro de Joel que habla de la restauración del pueblo de Dios en los Últimos Días. Yo creo que si miramos Joel 2: 25 encontramos la palabra clave que describe lo que Dios está haciendo en este derramamiento de su Espíritu Santo: "Y os restituiré los años que comió la oruga, el saltón, el revoltón y la langosta, mi gran ejército que envié contra vosotros."

La palabra clave es *restitución* [o restauración]: restauración nacional de Israel, y restauración espiritual de la Iglesia. El propósito de Dios en este tiempo presente, tal como se revela en la Escritura, es la restauración de su pueblo mediante el derramamiento de su Santo Espíritu. Hechos 2: 17, dice: "Derramaré de mi Espíritu." Y Joel 2: 25, dice: "Os restituiré."

Hemos visto que las promesas de Dios están ocurriendo durante cientos de años en todo el mundo. Y esto no ha ocurrido porque haya habido magníficos predicadores o maestros. Ningún ser humano puede atribuirse el crédito por ello. Es sólo por la fidelidad de Dios a su Palabra que derrama su Espíritu sobre toda carne. Todo segmento de la raza humana, sin ninguna excepción, tendrá esta experiencia del derramamiento del Espíritu en los Últimos Días.

Dios le dijo a Israel: "Te sacaré de entre los paganos y te llevaré a tu propia tierra, esparciré agua limpia sobre ti, te limpiaré de todos tus pecados, de todos tus ídolos y de tu inmundicia." Y con respecto a la Iglesia, dijo: "Derramaré mi Espíritu sobre todos los sectores de la Iglesia. Habrá una tremenda visitación sobrenatural."

Podemos ver que esto tiene cumplimiento en el día de hoy. Entonces, la segunda pregunta debe ser: ¿Cómo debemos responder a este gran "movimiento" de Dios entre nosotros?

Volvernos a Dios con todo nuestro corazón

Miremos otra vez el libro de Joel. El bosquejo de este libro profético es simple: desolación, restauración y juicio. Esto es lo que Dios demanda de su pueblo para librarlo de la desolación e introducirlo en el proceso de la restauración. El Señor dice: "Proclamad ayuno, convocad a asamblea; congregad a los ancianos y a todos los moradores de la tierra en la casa del Señor nuestro Dios, y clamad al Señor" (Joel 1: 14).

Clamar al Señor significa hacer una oración desesperada de intercesión. Reunir al pueblo de Dios en su casa y luego clamar a él. Después unir el ayuno a la oración. No en privado sino en público, de manera colectiva.

Joel 2: 12 dice otra vez: "Por eso, pues, ahora, dice el Señor, convertíos a mí con todo vuestro corazón, con ayuno y lloro y lamento." Y luego, comenzando en el versículo 15, leemos:

> *Tocad trompeta en Sión, proclamad ayuno, convocad asamblea. Reunid al pueblo, santificad la reunión, juntad a los ancianos, congregad a los niños y a los que maman... Entre la entrada y el altar lloren los sacerdotes ministros del Señor.*
> Versículos 15 – 17

El toque de trompeta indica una proclamación pública. Es siempre una señal de alerta y un llamado al pueblo de Dios a reunirse. Aunque el llamado es para todos, note el énfasis especial en los líderes, los ancianos, los ministros y los sacerdotes. Este es un lugar o una situación en la cual, quien quiera liderar debe ser un verdadero líder.

Cierto líder espiritual me dijo en una ocasión: "Francamente yo tengo que correr para ir a la par con mi gente, y se supone que soy yo quien los dirijo." Esto me hace pensar que debo retar a cada líder, y a usted si lo es, a que de veras lideren a su gente. *Liderar* significa "ir adelante." De otro modo, los laicos se adelantarán a su liderazgo. Cuando la Palabra de Dios nos llama a ayunar, por ejemplo, los sacerdotes y los líderes tienen la obligación de tomar la iniciativa y mostrar un verdadero liderazgo en su ayuno.

Joel 2: 28 habla de la promesa de restauración: "Y después de esto derramaré mi Espíritu sobre toda carne." Ahora, donde Joel dice *después de esto*, Pedro dice *en los postreros días*. Eso es permisible porque el Espíritu Santo le dio esa misma aplicación. Pero quiero decirle que la frase de Pedro, *en los postreros días*, no anula o deja de lado la frase de Joel: *después de esto*.

"Después de esto" es otra de esas frases que al igual que, *"por lo tanto"*, nos invitan a echar una segunda mirada al texto. Cada vez que consideremos la frase *después de esto* tenemos que preguntarnos, "¿después de qué?" La respuesta es después de que hayamos hecho lo que Dios nos dice que hagamos. ¿Y qué nos manda Dios que hagamos? Santificar el ayuno. ¿Cómo? Convocando una solemne asamblea para orar. Necesitamos volvernos a él con todo nuestro corazón, con ayuno y lloro y lamento. Dios dice que después de eso derramará su Espíritu sobre toda carne.

Todo lo que hemos visto hasta aquí acerca del derramamiento del Espíritu de Dios es tan solo una gota en comparación con lo que él ha declarado que hará. Lo hemos visto actuar. Sabemos que esta es la hora del cumplimiento de sus promesas. Lo que sigue ahora depende de nuestra respuesta. Depende de que entremos en acción y nos unamos a lo que él está haciendo para que sus propósitos tengan cabal cumplimento.

¿Cómo debemos actuar entonces? Quiero decirle que Dios está llamando a su pueblo con un nuevo énfasis a orar y ayunar. En varias secciones de este libro hemos discutido el tópico del ayuno. Sabemos que ayunar significa abstenerse deliberadamente de ingerir alimentos en procura de un logro espiritual. El ayuno es una parte de la provisión total de Dios para su pueblo creyente, y parte de nuestra disciplina espiritual. El ayuno no es solamente la voluntad de Dios revelada para cada profesante cristiano sino para nosotros, en este tiempo del derramamiento del Espíritu de Dios.

Echémosle ahora una mirada al tema del ayuno en relación con la restauración.

Dos clases de ayuno

El ayuno tiene una relación particular con la obra de restauración. Isaías 58, el gran capítulo sobre el ayuno en el antiguo Testamento, establece dos tipos de ayuno: uno que no mueve la mano de Dios y otro que sí lo hace.

Los versículos 3 a 5 describen el ayuno que no es aceptable para Dios por cuanto las relaciones y las actitudes de quienes ayunan son incorrectas. Son creyentes resentidos, ambiciosos, codiciosos, legalistas, criticones y severos con los demás. Dios dice que si ayunamos con ese espíritu y esa actitud no podemos esperar que escuche o conteste nuestra oración.

Los versículos 6 al 12 definen el tipo de ayuno que desea. Mientras miramos cada versículo con atención, notemos la cantidad de promesas relacionadas con la clase de ayuno que es aceptable para Dios.

No conozco otro pasaje de la Biblia que contenga una lista más exacta de las maravillosas promesas como la que cita el versículo 6: "¿No es más bien el ayuno que yo escogí, desatar las ligaduras de impiedad, soltar las cargas de opresión, y dejar ir libres a los quebrantados, y que rompáis todo yugo?"

Note que el motivo para ayunar debe ser correcto. En cuanto a "dejar ir libre al oprimido", en este ministerio de liberación hay personas que jamás serán liberadas hasta que el pueblo de Dios –especialmente sus ministros– estén dispuestos a pagar el precio de orar y ayunar.

Luego dice en el versículo 7: "¿No es que partas tu pan con el hambriento, y a los pobres errantes albergues en casa; que cuando veas al desnudo, lo cubras, y no te escondas de tu hermano?"

El ayuno debe ir acompañado de una actitud de caridad genuina y práctica hacia los necesitados. Algunos creyentes son tan *evangélicos* que olvidaron que el evangelio incluye el amar al prójimo como a sí mismos. Dios demanda una forma muy práctica del amor. Dice que si nuestra motivación, nuestras actitudes y relaciones son correctas, nos mostrará el ayuno que ha escogido y lo que hará por nosotros.

El versículo 8 dice: "Entonces nacerá tu luz como el alba, y tu salvación se dejará ver pronto: e irá tu justicia delante de ti, y la gloria del Señor será tu retaguardia [o te recogerá]."

Las promesas de este versículo tienen relación con las de Malaquías 4: 2: "Mas para vosotros los que teméis mi nombre nacerá el Sol de justicia, y en sus alas traerá salvación." Esta es una referencia al mismo período del tiempo actual, o sea estos *Últimos Días*. Para nosotros, que tememos el nombre de Dios, se está levantando ahora el Sol de justicia trayendo salvación en sus alas. La esencia de la promesa de Isaías 58: 8 es luz, justicia y salvación. Jesús, el sol de Justicia, vino a traer justicia para el alma y sanidad para el cuerpo. Dios promete que cuando empezamos a ayunar y a buscarlo de la manera correcta y por los motivos correctos, entonces vendrán la luz, la justicia y la salvación.

Continuando con el versículo 9: "Entonces invocarás y te oirá el Señor; clamarás, y dirá él: Heme aquí." Dios estará justo al lado suyo para responder su oración, a su inmediata disposición.

Luego en la segunda parte del versículo 9 Dios advierte que las actitudes incorrectas pueden echarlo todo a perder: "Si quitares de en medio de ti el yugo, el dedo amenazador, y el hablar vanidad." Podemos resumir todo esto en tres frases: El yugo es el legalismo. El dedo amenazador es la crítica. La maldad oral es la falta de sinceridad. Dios dice que está listo a escucharnos si renunciamos al legalismo, a criticar a los demás y a la falta de sinceridad.

El versículo 10, dice: "Si dieres tu pan al hambriento, y saciares al alma afligida, en las tinieblas nacerá tu luz, y tu oscuridad será como el medio día." Cuando ante la necesidad practicamos la caridad, la luz desplaza a las tinieblas.

El versículo 11 sigue diciendo: "El Señor te pastoreará siempre, y en las sequías saciará tu alma, y dará vigor a tus huesos; y serás como huerto de riego, y como manantial de aguas, cuyas aguas nunca faltan."

Cuando leo este versículo quiero saber cómo puedo obtener lo que Dios promete. Y algo en mí dice: "Señor, muéstrame el camino." Y el versículo 6 lo muestra: "¿No es este el ayuno que yo escogí?" Cuando oramos de esta manera podemos esperar guía, dirección, y seguridad clara y positiva de la presencia y la guía de Dios en cualquier situación. No importa cuánta sequía pueda haber a su alrededor, usted tendrá una fuente en su alma.

En ciertas épocas de mi vida viví en áreas de gran sequía. Fue fácil descubrir las personas que regaban sus jardines y las que no lo hacían. La diferencia era que las plantas se morían cuando no se regaban. De igual manera, las personas que cumplen las condiciones de Dios serán como un jardín bien regado, aunque todos a su alrededor estén secos, marchitos y abrasados.

Y luego llegamos a la última de esta serie de promesas de Dios: El versículo 12 contiene una promesa de restauración: "Y los tuyos edificarán las ruinas antiguas." ¿Sabía usted que hay en la Iglesia una gran cantidad de *ruinas muy antiguas* que es necesario reedificar? Por eso dice la Escritura: "Los cimientos de generación y generación levantarás."

Yo hice un breve estudio de los individuos que realmente movieron la mano de Dios y la del hombre en la historia de la Iglesia. Ellos establecieron los fundamentos de muchas generaciones porque su ministerio se extendió más allá de su propia época. Considere usted a los grandes evangelistas modernos: Juan Knox, Juan Calvino, Martín Lutero, Juan Wesley, Carlos Finney, etc. Cada uno de ellos afirmó que practicaba el ayuno.

Si usted quiere "levantar los cimientos de muchas generaciones," esta es la condición necesaria.

Luego viene la última promesa; la parte final del versículo 12, dice: "Y serás llamado reparador de portillos y restaurador de calzadas para habitar." Hay muchos, pero muchos portillos y brechas en la heredad del pueblo de Dios que necesitan ser reedificadas. Recordemos lo que dijo Dios en Ezequiel 22: "Y busqué entre ellos hombre que hiciese vallado y que se pusiese en la brecha delante de mí... y no lo hallé" (versículo 30). La oración de ayuno intercesor hace vallado y se interpone en la brecha. Nos hace reparadores de portillos y brechas.

Un gran patrón o modelo de restauración lo encontramos en una historia del Antiguo Testamento: es el regreso del pueblo de Dios de la cautividad en Babilonia a su propia tierra y la reedificación de su Templo en Jerusalén. Ya lo vimos en relación con la vida de Daniel. Miremos ahora la vida de dos hombres y una mujer que estuvieron asociados con este gran proceso. En un orden cronológico ellos fueron, Esdras, Nehemías y Ester. Todos ellos practicaron el ayuno.

Esdras

Cuando vamos al libro de Esdras retrocedemos en la Biblia, pero nos adelantamos en el tiempo. Esdras estaba dirigiendo el retorno de un grupo de exiliados de Babilonia a la ciudad de Jerusalén. Llegó el momento de emprender una jornada de varios meses de duración a través de un país infestado de ladrones y salteadores de caminos, y amenazado por tribus hostiles. Llevaban con ellos sus esposas e hijos, y lo que para los Judíos Ortodoxos era aún más importante, todas las vasijas sagradas del servicio del Templo que habían sido capturadas y llevadas a Babilonia.

La consecuencia de testificarle a la gente depende de que vivamos de acuerdo con nuestro testimonio. Y esa es una buena razón para testificar. Esdras le había dado este valiente testimonio al rey de Persia: "Nuestro Dios cuida de sus siervos. Ninguna situación, ningún peligro ni ninguna emergencia supera el poder de Dios." Y ahora que estaban por emprender esta peligrosa jornada, pensó: *No puedo volver donde el rey y decirle que tenemos miedo; que envíe soldados y jinetes para que nos acompañen. Eso echaría a perder mi testimonio. ¿Qué vamos a hacer?*

Esdras se vio abocado a escoger entre dos formas de hacer las cosas: la carnal y la espiritual. La forma carnal dependería de los soldados y la caballería real, pero él había descartado esa posibilidad. Sólo le quedaba una alternativa: la espiritual. ¿Cuál era la forma espiritual? La oración y el ayuno. Eso lo llevó a decir:

Y publiqué ayuno allí junto al río Ahava, para afligirnos delante de nuestro Dios, para solicitar de él camino derecho para nosotros, y para nuestros niños, y para todos nuestros bienes. Porque tuve vergüenza de pedir al rey tropa y gente de a caballo que nos defendiesen del enemigo en el camino; porque habíamos hablado al rey, diciendo: la mano de nuestro Dios es para bien sobre todos los que le buscan; mas su poder y su furor contra todos los que le abandonan. Ayunamos, pues, y pedimos a nuestro Dios sobre esto, y él nos fue propicio.

Esdras 8: 21 – 23

Dios oyó su oración. El poder del ayuno ató a todos los ladrones, los salteadores, a las tribus hostiles y todo tipo de epidemia y enfermedad que los esperaba a lo largo del camino. Llegaron en paz y seguridad sin haber perdido un solo miembro del grupo y habiendo preservado las hermosas vasijas del Templo.

Esta es una de las grandes lecciones de la Biblia. Si la gana en el reino espiritual, la victoria es suya y punto. Es por eso que la Biblia es un libro tan pertinente. Todo el mundo busca hoy en ella las respuestas a los problemas políticos, sociales y económicos. Si mediante el ayuno y la oración una nación gana la victoria en el ámbito espiritual, todos los escenarios humanos se ajustarán a esa realidad. Por ejemplo, gane usted la batalla en el reino espiritual que tiene dominio sobre la ciudad donde vive, y observará que los problemas económicos, sociales y políticos cambian de dirección.

Nehemías

El siguiente personaje en este proceso de restauración es Nehemías, quien le da nombre al libro siguiente. Nehemías escuchó de sus hermanos este triste informe: "El remanente, los que quedaron de la cautividad, allí en la provincia, están en gran mal y afrenta, y el muro de Jerusalén derribado, y sus puertas quemadas a fuego" (Nehemías 1: 3).

Su respuesta se encuentra en el siguiente versículo: "Cuando oí estas palabras me senté y lloré, e hice duelo por algunos días, y ayuné y oré delante del Dios de los cielos" (versículo 4).

Nehemías había aprendido el secreto. El camino estaba cerrado; la situación era desesperada. Pero oró y ayunó, y Dios abrió una vía de solución. Y no solamente le abrió el camino sino que también hizo que el rey le diera plena autoridad y provisiones materiales para reconstruir la ciudad de Jerusalén. Todo esto se logró mediante oración y ayuno.

Ester

Vayamos ahora al cuarto capítulo del libro de Ester. Allí se narra la crisis más grave que haya afrontado el pueblo judío en toda su historia hasta el presente; más grave aún que la crisis que sufriera el judaísmo bajo el dominio de Adolfo Hitler. Éste tenía a merced suya solamente una tercera parte de los judíos; el emperador Persa tenía en su mano a toda la nación judía.

Hombres perversos al servicio de Amán, quien era el abogado del diablo contra los judíos y el más encumbrado oficial del rey, habían logrado que el monarca firmara un decreto mediante el cual los judíos en todas las provincias del reino serían exterminados en un día determinado.

El libro de Ester ha dado origen a la festividad judía de Purim, que en el idioma hebreo significa *suerte*. El festival tiene ese nombre porque Amán echó suertes para escoger el día del año en que exterminaría a los judíos. El hecho de que lo decidiera a la suerte indica que para él este era un asunto espiritual y estaba buscando dirección sobrenatural. También tenía sabios o magos

El ayuno: Nuestra respuesta a los propósitos de Dios

que lo aconsejaban. Esta es la forma que a menudo escogen los impíos cuando son conscientes de que necesitan más que sabiduría natural. Acuden a lo satánico en busca de consejo.

Este fue un conflicto espiritual entre las fuerzas de la luz y las de las tinieblas; entre el poder del Espíritu Santo, y el de Satanás. Ambos tenían sus agentes y representantes justo en el lugar de la escena. La respuesta al poder sobrenatural de Satanás, invocado por Amán, fue el poder sobrenatural de Dios, invocado por Ester. Cuando Ester oyó la noticia dijo a su tío Mardoqueo: "Vé y reúne a todos los judíos que se hallan en Susa, y ayunad por mí, y no comáis ni bebáis en tres días, noche y día; yo también con mis doncellas ayunaré igualmente, y entonces entraré a ver al rey, aunque no sea conforme a la ley; y si perezco, que perezca" (Ester 4: 16).

El cuarto día Ester se vistió sus atavíos reales, entró al salón real y obtuvo la simpatía del rey quien le extendió su cetro de oro y le dijo: "¿Qué deseas Reina Ester?"

En aquel momento, la planeada exterminación del pueblo de Dios se convirtió en el motivo de libertad más grande y glorioso en los anales del Imperio Persa. Israel fue salvado y Amán fue colgado en la horca. ¿Qué cambió la situación política y militar? La oración y el ayuno de Ester, de sus criadas y de todos los judíos que ayunaron.

Cuatro principios del ayuno

La Palabra de Dios muestra muchos principios fundamentales relativos al ayuno. Aquí tiene usted cuatro: Auto-negación, auto-humillación, prioridades correctas, y dependencia de Dios. Miremos cada una brevemente.

Auto-negación

Jesús dijo en Mateo 16: 24: "Si alguno quiere venir en pos de mí, niéguese a sí mismo." Ayunar es negación para su viejo ego. En palabras sencillas, negar es decir no. Su estómago dice "yo quiero" pero usted le dice: "¡Tú no mandas!"

Pablo dijo en 1ª de Corintios 9: 27, NVI: "Más bien, golpeo mi cuerpo y lo domino, no sea que, después de haber predicado a otros, yo mismo quede descalificado."

También nos dijo que quienes se esfuerzan por dominar en las pruebas atléticas son sobrios, moderados, con dominio de sí mismos y disciplinados en todas las cosas (ver el versículo 25). ¿Cuánto más debemos serlo nosotros que nos esforzamos por el dominio en la competencia espiritual?

Un atleta profesional es cuidadoso de lo que come y del tiempo que duerme. Incluso cuida de sus actitudes mentales porque sabe que le afectan su éxito potencial. ¡Cuánto más nosotros como cristianos tenemos que estar seguros de que tenemos nuestro cuerpo bajo control!

Hace unos cuantos años Dios me dijo lo siguiente: *Si quieres seguir adelante, hay dos condiciones. La primera es que todo progreso debe ser por fe. Si no estás dispuesto a avanzar en fe, no puedes hacerlo. La segunda condición es esta: Si has de cumplir con el ministerio que tengo para ti, necesitarás un cuerpo fuerte y saludable. Ahora estás ganando mucho peso; ten cuidado.*

Eso es exactamente lo que Dios me dijo. Y créame que durante los años que han pasado desde entonces he llegado a ver que necesito el cuerpo fuerte y saludable del que habló el Señor, y hago todo lo que puedo por mantenerme en forma, física, mental y espiritualmente, para el propósito que me importa más que cualquier otra cosa: cumplir el llamado de Dios en mi vida.

La auto-humillación

El ayuno es auto-humillación. Ya hemos hablado de la humildad desde el punto de vista de 2° de Crónicas 7: 14: "Si se humillare mi pueblo sobre el cual mi nombre es invocado..."

¿Cómo se humilla usted a sí mismo? David habló de esto en dos de sus salmos, en el 35: 13, y el 69: 10. En cada uno, dijo: "Afligí mi alma con ayuno." Algunas personas oran: "Dios, hazme humilde" pero esa no es una oración con fundamento bíblico. Dios dice: "Humíllate tú mismo." Él también puede humillarlo, y quizá tenga que hacerlo en alguna ocasión. Pero la única persona que debe hacerlo con sometimiento es usted mismo. Y una buena manera de humillar su orgullo es mediante el ayuno.

Las prioridades correctas

El ayuno sirve también para mantener las prioridades correctas. Ya miramos este asunto antes la instrucción de Jesús de "buscar primeramente el reino de Dios y su justicia" (Mateo 6: 33). Muchas personas buscan el Reino de Dios en segundo, tercero o cuarto lugar. En tales casos la promesa no es aplicable. El orden de las prioridades debe ser el correcto. Ayunar es una forma correcta de darle prioridad a lo espiritual y mantener su preeminencia.

Dependencia de Dios

Ayunar también demuestra nuestra dependencia de Dios. Al ayunar le decimos a Dios: "Señor, no tengo la solución, no puedo hacerlo solo. Vuelvo mis ojos a ti." El ayuno es otra forma de reconocer nuestra dependencia de Dios y someternos a la intervención divina. Podemos tomar de la Escritura incontables ejemplos para probar que cuando el pueblo de Dios cumple con las condiciones, Dios responde interviniendo a su favor.

Jesús no dijo *si* ayunan, sino, *cuando* ayunen

En la parte central del Sermón del Monte, Jesús dijo: "Cuando ayunen..." (Mateo 6: 16, NVI). Esta distinción es muy importante.

No dijo, *si* ayunan, -lo cual hubiera dejado abierta la posibilidad de ayunar o no ayunar. Dijo: "*Cuando* ayunen. Jesús consideró como un hecho cumplido el que ayunaríamos. De la misma manera, utilizó exactamente el mismo lenguaje en tres ocasiones: al mostrar caridad (versículo 3), al orar (versículo 5), y al ayunar. En cada caso el asunto que se destaca es *cuando* ayunen, y no *si* ayunan. ¿Es deber de los cristianos mostrar caridad? ¿Y orar? Entonces, *ayunar* también lo es.

Algunas personas citan las palabras de Jesús en Marcos 2: 18 como prueba de que no tenemos que ayunar. En este pasaje la gente se le acercó y le preguntó por qué los fariseos y los discípulos de Juan ayunaban, pero sus discípulos no lo hacían. Y les respondió:

¿Acaso pueden los que están de bodas ayunar mientras está con ellos el esposo? Entre tanto que tienen consigo al esposo no pueden ayunar. Pero vendrán días cuando el esposo les será quitado, y entonces en aquellos días ayunarán.

Marcos 2: 19 – 20

Así es como yo entiendo esta parábola: Los amigos del Esposo son los discípulos. El Esposo es el Señor Jesucristo. Mientras el Esposo estuvo personalmente presente en la tierra, sus discípulos no ayunaron. Pero Jesús dijo que más tarde vendría el tiempo cuando el Esposo les sería quitado, y entonces, en esos días ayunarían.

Preguntémonos lo siguiente: ¿Está el Esposo ahora físicamente presente con nosotros, o está ausente y nosotros esperando por su regreso? Mi respuesta es que nosotros estamos esperando su regreso. El se fue al cielo y nosotros, si en verdad somos sus discípulos, ayunamos. Si no ayunamos carecemos de uno de los distintivos del verdadero discípulo.

El patrón o modelo que nosotros seguimos

Sabemos que el Señor Jesús practicó el ayuno (ver Mateo 4: 1 – 2). Cinco profetas y maestros de la iglesia de Antioquía ayunaron y esperaron en el Señor pública y colectivamente (ver Hechos 13: 1 – 2). Dios les habló a los discípulos y les dijo que enviaran a Bernabé y a Saulo (conocido también como Pablo). La iglesia oró y ayunó por segunda vez y los envió (versículo 3). Pablo y Bernabé, en su primer viaje misionero, se reunieron con los convertidos que habían dejado en su primer viaje y oraron y ayunaron (ver Hechos 14: 23). Cada una de estas iglesias del Nuevo Testamento fue establecida mediante la oración y el ayuno. Pablo ayunaba con frecuencia. Esta fue una de las cosas por las cuales se consideró a sí mismo ministro de Cristo (ver 2ª de Corintios 6: 4 – 5; 11: 27).

Dios nos ha mostrado el poder del ayuno si queremos ver respuestas a nuestras oraciones, entre las cuales no son menos importantes las que elevamos por su Iglesia en estos Últimos Días. La gracia y la fidelidad del Señor provocan una respuesta de nuestra voluntad libre para volvernos a él y buscarlo. Vayamos a su presencia con disposición y deseos renovados, con celo, con confianza y con la seguridad de que veremos cumplidos los propósitos divinos.

9

LA IGLESIA GLORIOSA

Cristo amó a la Iglesia, y se entregó a sí mismo por
ella, para santificarla, habiéndola purificado en el
lavamiento del agua por la palabra.
Efesios 5: 25 – 26.

Somos un Reino de sacerdotes y como tales estamos llamados a orar. ¿Cuál es el máximo objetivo de nuestras oraciones? Que la verdadera Iglesia se levante victoriosa, completa y lista para el regreso de Jesús. Esta es la instrucción de Dios para nosotros en su palabra y el cumplimiento del anhelo de nuestros corazones.

Muchas personas dentro del cristianismo no tienen hoy un concepto de lo que significa hablar de la Iglesia gloriosa. No obstante, la Escritura dice que la Iglesia –la Novia por la cual viene Jesús– será *gloriosa*. La palabra griega que significa *gloria* es *"doxo"* de la cual se deriva la palabra *doxología* que significa "lo que atribuye o da gloria a Dios."

Mi acercamiento al Nuevo Testamento fue a través del griego clásico, la forma más antigua del idioma griego. Ya he mencionado que yo estudiaba y enseñaba la filosofía de Platón, y uno de los conceptos básicos de su filosofía se resume en la palabra *doxo*. Existe una diferencia en relación con tal palabra que a mí me produjo desconcierto. En las obras de este filósofo, la palabra *doxo* no significaba "gloria" sino más bien "lo que parece ser, lo que aparenta, algo externo."

Siendo un poquito revolucionario, decidí que mientas estudiaba filosofía iba a leer el evangelio de Juan en el idioma griego durante una de mis vacaciones de verano de la Universidad de Cambridge. Le anuncié a mi tutor de griego que lo iba a hacer, y por todos los medios procuró disuadirme. Me dijo que arruinaría mi conocimiento del griego clásico. Lo que faltaba era que mi tutor tratara de disuadirme para afirmar, aún más, mi determinación. De modo que en mis vacaciones leí el Nuevo Testamento en griego.

Yo estaba alejado de Dios en ese tiempo y no me consideraba un cristiano. Era un filósofo profesional, pero de alguna manera este mensaje del Nuevo Testamento me cambió el entendimiento. Recuerdo que al final de un viaje por tren entre Somerset y Londres me encontré en la estación de Paddington con un amigo y compañero de estudios y le dije: ¿Sabes que resolví el enigma del evangelio de Juan? Así no más. No recuerdo cómo lo resolví, pero el hecho es que lo hice.

Lo que me llamó la atención del evangelio de Juan, y lo que realmente me desconcertó a lo largo de mi estudio fue el uso que el apóstol hacía de la palabra *doxo*,

traducida al inglés, mi lengua nativa, como "gloria." Yo
me preguntaba cómo podía ocurrir esto, siendo que el
griego antiguo usaba la misma palabra con un sentido
diferente.

Años más tarde el Señor me encontró en esa barraca
y de una manera maravillosa nací de nuevo por el Espíritu de Dios. Menos de dos semanas después fui bautizado en el Espíritu Santo en la misma habitación. En ese
momento un diluvio de luz me inundó y muchas cosas
que había leído en la Biblia antes vinieron a mi mente
con claridad, como si las hubiera leído cinco minutos
antes. De repente comprendí el uso de esta palabra *doxo*
que tanto me había confundido.

En el griego clásico significa "lo que se ve, lo que
aparenta ser." Pero en el griego del Nuevo Testamento
significa "gloria." Y es porque la gloria de Dios es algo
que "resplandece." Es la presencia divina visible y tangible manifestada a los sentidos del ser humano.

En el relato registrado en Hechos 7, Esteban, hablando al Concilio de los judíos, les dijo que "la gloria de
Dios apareció a nuestro padre Abraham en Mesopotamia" (versículo 2). También les dijo que Abraham conocía a Dios en su gloria. Eso fue lo que hizo la diferencia.
El Señor se le apareció en su *gloria visible* cuando habitaba en Mesopotamia. Y esto cambió de tal manera la
vida, la motivación y las ambiciones de Abraham, que
lo abandonó todo para dirigirse a la Tierra Prometida.

Y esto mismo es lo que nos trae a la Iglesia. Cuando la Escritura habla de una *Iglesia gloriosa* quiere decir
una Iglesia llena de la gloria de Dios, inmersa en la presencia visible, tangible, personal y manifiesta del Dios

Todopoderoso. No se refiere a esa iglesia que vive una fe desprovista de manifestaciones visibles, sino a una Iglesia que mediante la fe ha entrado en una relación con Dios y está llena de su presencia visible, personal y tangible. La Biblia dice que esta es la Iglesia por la cual volverá Jesús. Y es la Iglesia por la cual oramos.

Las siete señales distintivas de la Iglesia de Cristo

La carta a los Efesios nos da siete señales distintivas de la verdadera Iglesia de Jesucristo, tal como será el día en que Jesús vuelva por ella. "Cristo amó a la Iglesia y se entregó a sí mismo por ella habiéndola purificado en el lavamiento del agua por la palabra" (Efesios 5: 25 - 26).

Vimos en el capítulo 7 que Jesús redimió a la Iglesia por su sangre para santificarla por el agua pura de su Palabra. La sangre y el agua de la Palabra son ambas necesarias para alistar a la Iglesia para el regreso del Señor.

Estoy seguro de que ningún cristiano estará listo para recibir al Señor si no ha pasado por el proceso purificador y santificador de ser enseñado y disciplinado por la Palabra de Dios. La sangre de Jesús es el precio de redención por el cual somos comprados y rescatados de la mano del diablo. Después de ser redimidos por la sangre de Cristo somos purificados y santificados por el lavamiento del agua por la Palabra. El propósito del Señor Jesús en todo esto es presentar "una iglesia gloriosa que no tenga mancha ni arruga, ni cosa semejante, sino santa y sin mancha" (versículo 27).

Este pasaje enumera las primeras tres señales de la verdadera Iglesia por la cual vendrá Jesús. Ella debe ser

(1) gloriosa: distinguida porque en medio suyo está la gloriosa y manifiesta presencia de Dios; (2) santa; y (3) sin mancha.

Si volvemos a Efesios 4 encontramos el proceso por el cual esta Iglesia será preparada para la venida del Señor. El versículo 11 habla de cinco ministerios principales para la "edificación del cuerpo" dentro de la Iglesia. "Y él mismo [Cristo] constituyó a unos, apóstoles; a otros, profetas; a otros, evangelistas; a otros, pastores; y maestros, a fin de perfeccionar a los santos para la obra del ministerio" (versículo 12).

Esos cinco ministerios básicos deben equipar a los santos para hacer la obra del ministerio edificando el Cuerpo de Cristo. El versículo siguiente establece la meta o el objetivo: "hasta que todos lleguemos a la unidad de la fe." Este es el destino final hacia el cual nos movemos y que nos conduce a "la medida de la estatura de la plenitud de Cristo" (versículo 13). El vocablo griego significa no solamente "conocimiento" sino "reconocimiento": el reconocimiento de Jesús, el Hijo de Dios.

El reconocimiento de Jesucristo es la única manera en que podemos llegar a la unidad de la fe. Esto no ocurre simplemente por sentarnos a discutir la doctrina sobre la fe. Si hay algo seguro es que la discusión doctrinal no une a los cristianos. La única manera en que podemos unirnos es congregándonos bajo el señorío de Jesucristo. Si reconocemos el señorío de Cristo y su autoridad suprema, llegaremos a la unidad de la fe.

Usted lo sabe, la doctrina de la salvación no tiene sentido sin la *Persona* del Salvador. La doctrina de la sanidad no significa nada sin el Sanador. Y lo mismo ocurre con las doctrinas de liberación y del bautismo en el Espíritu. Cuando reconocemos al Salvador, creemos en la salvación, y así es con el Liberador.

En cada caso, el camino a la unidad no es el de la discusión y la disputa doctrinal sino el del conocimiento del Señor Jesucristo en su gloria, en su autoridad, en su señorío, y en cada aspecto de su ministerio. Cuando reconocemos a Cristo en todo lo que es para la Iglesia llegamos a la unidad de la fe.

Y así llegamos a dos aspectos claves de la voluntad de Dios para el hombre. Primero, "llegar a ser un varón perfecto" (versículo 13). La palabra *perfecto* sería mejor traducida si decimos "a un varón maduro y plenamente desarrollado."

Y luego, "a la medida de la estatura de la plenitud de Cristo" (versículo 13). Aquí la palabra clave es *plenitud*. Sólo cuando la Iglesia de Jesucristo, como su Cuerpo, muestre a su Señor en toda su plenitud –en cada aspecto, en cada gracia, en cada don, en cada ministerio– será eficaz su testimonio.

En el tiempo presente nosotros manifestamos al mundo una parte muy pequeña de la totalidad que es Jesucristo. Hay mucho de Jesús que la Iglesia es incapaz de mostrarle al mundo, pero Dios va a llevar al Cuerpo de Cristo, como un todo, a un nivel en el cual sí revelará la plenitud de la persona del Señor Jesús. Así el mundo comprenderá quién era Él. Esto es lo que quiere decir *plenitud*.

De este modo obtenemos las siete señales distintivas de la Iglesia que Dios está preparando para sí mismo.

Será (1) gloriosa: llena de la manifiesta presencia de Dios; (2) santa; (3) sin mancha; (4) que avanza hacia la unidad de la fe; (5) que reconoce el señorío de Jesús; y, por lo tanto, (6) llegará a la madurez y (7) manifestará la plenitud de Cristo al mundo.

En Efesios encontramos una maravillosa oración del apóstol Pablo por la Iglesia:

> *Por esta causa doblo mis rodillas ante el Padre de nuestro Señor Jesucristo, de quien toma nombre toda la familia en los cielos y en la tierra, para que os dé, conforme a las riquezas de su gloria, el ser fortalecidos con poder en el hombre interior por su Espíritu; para que habite Cristo por la fe en vuestros corazones, a fin de que, arraigados y cimentados en amor, seáis plenamente capaces de comprender con todos los santos cuál sea la anchura, la longitud, la profundidad y la altura, y de conocer el amor de Cristo que excede a todo conocimiento, para que seáis llenos de toda la plenitud de Dios.*
>
> Efesios 3: 14 – 19

Lo que quiero señalar es que ninguno de nosotros puede abarcar todo esto de manera individual. Es sólo cuando nos unimos con nuestros hermanos creyentes, con todos los santos, que podemos comprender la totalidad de la obra de Jesucristo: "la anchura, la longitud, la profundidad y la altura."

Pablo oró para que la Iglesia pudiera "comprender el amor de Cristo que sobrepasa todo entendimiento, para que seáis llenos de toda la plenitud de Dios" (versículo 19). ¿No es una asombrosa declaración esa de que la Iglesia de Jesucristo va a ser el lugar de habitación o morada de toda la plenitud de Dios? La totalidad de Dios en toda su naturaleza, en todo su poder, en todos sus aspectos, será manifestada por la Iglesia.

Hay tan solo otra parte en la Biblia en donde se usa la frase *la plenitud de Dios* y es en Colosenses 2: 9: "Porque en él habita corporalmente toda la plenitud de Dios" (versículo 9). Dios se manifestó en Cristo totalmente. No fue una manifestación parcial sino total. Note usted que en el pasaje anterior de Efesios el Espíritu Santo es quien ministra la gloria y la hace accesible. Cuando el Espíritu Santo haya completado la obra de formación del Cuerpo de Cristo, la plenitud de Dios será manifestada otra vez.

Ni se le ocurra imaginar que esto le ocurrirá a usted como individuo. Es solamente cuando usted se una con otros creyentes en la unidad de la fe y en el reconocimiento de Jesucristo que podrá comprender con todos los santos "la anchura, la longitud, la profundidad y la altura" de Dios, y por lo tanto, podrá ser lleno de toda su plenitud. Este es el propósito divino para el Cuerpo de Cristo: la Iglesia.

Cómo ocurrirá esto

El profeta Isaías nos muestra un esbozo de cómo ocurrirá esto. Isaías 59: 19 a 60: 5 nos pinta el cuadro. Mirémoslo versículo por versículo:

"Y temerán desde el occidente el nombre del Señor, y desde el nacimiento del sol su gloria" (versículo 19).

Dios se manifestará en forma tal que toda la tierra lo temerá y verá su gloria.

"Porque vendrá el enemigo como río, mas el Espíritu del Señor levantará bandera contra él" (versículo 19). La verdad es que el enemigo ya ha venido como una inundación. Podemos ver en los Estados Unidos que el enemigo, el diablo, ha infiltrado en décadas recientes todas las áreas de la vida nacional: la esfera política, la social, las escuelas, las universidades y aún los seminarios. No solamente ha venido como diluvio en el mundo secular sino sobre todo en las iglesias. La mayoría de nosotros no necesitamos que nos convenzan de ello.

Este es el cumplimiento de la profecía de Joel cuando el pueblo de Dios y su heredad fueron devastados por un ejército invasor de insectos. La Iglesia ha sido invadida a través de los siglos por un gran ejército de las plagas. La oruga, la langosta, las larvas, todas estas plagas han entrado y devastado la heredad del pueblo de Dios. Pero tenemos una promesa pendiente: Dios dice que su Espíritu se moverá entre nosotros. Cuando el enemigo venga como un río, el Espíritu del Señor levantará un estandarte contra él.

El estandarte que el Espíritu de Dios levanta es justamente una persona, y esa Persona se halla en Jesucristo. El Espíritu Santo no exalta una personalidad humana, ni una doctrina, ni una institución. Vino a la tierra para hacer una sola cosa: Glorificar al Padre. Por eso una vez el Señor Jesús dijo: "Cuando venga el Espíritu de verdad... él me glorificará" (Juan 16: 13 – 14). El ministerio del Espíritu Santo dentro de la Iglesia es revelar, exaltar, magnificar y glorificar al Señor Jesucristo.

En los tiempos antiguos, cuando un ejército estaba bajo asedio y en peligro de ser derrotado, el comandante daba instrucciones al abanderado para que encontrara un promontorio o elevación del terreno, se parara allí y levantara la bandera o el estandarte. Cuando los soldados desconcertados miraban la insignia levantada, esta era una señal para que se agruparan a su alrededor.

Esto es lo que está ocurriendo a la Iglesia en las décadas recientes. Como creyentes estamos orando y el Espíritu Santo ha comenzado a levantar el estandarte que es Jesucristo. Desde cada sección de la Iglesia, el pueblo de Dios asediado y en peligro de ser vencido, dispersado y finalmente derrotado, ha levantado su voz en oración conjunta, se ha dado vuelta y ha visto un estandarte levantado. No es una denominación ni una iglesia sino el Señor Jesucristo.

Dios está reuniendo de nuevo a su pueblo. Ese es el tema de Isaías 59: 20: "Y vendrá el Redentor a Sión, y a los que se volvieren de la iniquidad en Jacob, dice el Señor."

El pueblo de Dios se volverá al Señor, y el Señor se volverá a su pueblo. Tenemos que arrepentirnos y volvernos de nuestro extravío, nuestra carnalidad, nuestra auto-suficiencia, nuestro sectarismo y nuestra rebelión. Cuando de nuestras rebeliones nos volvemos al Redentor, encontramos que él ya vino a Sión. La restauración ha llegado al pueblo de Dios.

Así que en este contexto Dios sigue declarando:

Y este será mi pacto con ellos, dijo el Señor: El Espíritu mío que está sobre ti, y mis palabras que puse en tu boca, no faltarán de tu boca, ni de la boca de tus hijos, dijo el Señor, desde ahora y para siempre.

Isaías 59: 21

Esta restauración no es parcial ni temporal. Es final y permanente. Es la gran restauración final que el Espíritu de Dios efectúa con su pueblo que vivido tantos siglos como huérfano sin el espíritu consolador. Es una restauración para siempre.

Disipemos las tinieblas

En el capítulo 60 –aunque hay una división en capítulos yo creo que la profecía es continua– notamos un tremendo contraste entre la luz y las tinieblas. El mensaje es para el pueblo de Dios, para Sión:

Levántate, resplandece; porque ha venido tu luz, y la gloria del Señor ha nacido sobre ti. Porque he aquí que tinieblas cubrirán la tierra, y oscuridad las naciones; más sobre ti amanecerá el Señor, y sobre ti será vista su gloria.

Isaías 60: 1 – 2

Y es aquí, precisamente, donde estamos ahora. Hay tinieblas que están cubriendo la tierra pero hay una oscuridad más densa que cubrirá las naciones. Seamos realistas. La Biblia lo revela con claridad y podemos ver muchas evidencias de un tipo de tinieblas que nunca antes habíamos contemplado. Se aproxima una época de oscuridad que comienza a engullir a los habitantes del planeta. Pero el mensaje de Dios para su pueblo es que en medio de las tinieblas la gloria del Señor se alzará sobre nosotros.

Aquí está el contraste. Las tinieblas se hacen más densas mientras la luz se hace más brillante. Hemos llegado absoluta y concluyentemente a la encrucijada de los dos caminos. De aquí en adelante se descarta la neutralidad. Jesús dijo que quien no está con él, está contra él (Ver Mateo 12: 30).

Cada uno de nosotros tendrá que tomar una decisión y hacer un compromiso. ¿Amamos la luz? Entonces sigámosla a ella. Jesús dijo que si rehusamos venir a la luz es porque nuestras obras son malas. "La luz vino al mundo y los hombres amaron más las tinieblas que la luz" (ver Juan 3: 19). Esta es la decisión que enfrenta cada uno de nosotros. ¿Voy a andar en la luz y a identificarme con sus propósitos en la tierra? ¿O voy a vivir en medio de las tinieblas que crecen sobre las naciones?

Me gustaría darle tres pasajes de la Escritura que creo ilustran la verdad de esta creciente división. El primero se encuentra en Génesis 15: 5. Abraham hablaba con Dios acerca de los hijos que le había prometido cuando aún no tenía hijos. La Biblia dice que el Señor lo llevó afuera, en la noche oscura, y le mostró las estrellas del cielo. "Cuenta las estrellas –le dijo Dios–. Así será tu descendencia." Abraham le creyó a Dios, y el versículo 6 nos dice que su fe "le fue contada por justicia."

Dios me mostró mediante una revelación en el transcurso de un sermón que esto también se aplica a nosotros, porque la carta a los Gálatas nos dice que por la fe en Cristo Jesús somos hijos de Abraham (Gálatas 3: 7).

Generalmente yo no le presto mucha atención a las estrellas. Pero cuando el sol se oculta, cuando no brilla la luna y toda fuente natural de luz se extingue, veo que las estrellas alumbran con mayor brillo. Así, precisamente, es como ocurrirá al final de esta era. A medida que las tinieblas cubran la tierra y la oscuridad inunde las naciones, cuando la noche se haga más y más negra, los hijos de Abraham -mediante la fe en Jesucristo- van a brillar como las estrellas en su gloria. Esa es la situación a la cual nos estamos aproximando.

El segundo pasaje está en el libro de Los Cantares. Aquí tenemos una vislumbre de lo que será la Esposa cuando venga en su gloria: "¿Quién es ésta que se muestra como el alba, hermosa como la luna, esclarecida como el sol, imponente como ejércitos en orden?" Cantares 6: 10).

El mundo retrocede asombrado. Nunca antes ha visto una Iglesia como esta. ¿Quién es ésta que se muestra como el alba? En nuestra noche de tinieblas, ella es tan clara como la luna. La función de la luna es reflejar la gloria del sol. Y por supuesto, usted sabe que la luna aparece en cuatro fases y por eso su brillo crece y decrece.

El brillo de la Iglesia de Jesucristo ha crecido y decrecido a lo largo de la historia. Pero cuando llegue a su plenilunio, a su máxima brillantez, el mundo va a presenciar una Iglesia orbital reflejando la gloria y el esplendor del Hijo de Dios. Tendrá la autoridad del "Sol de justicia" que es el Señor Jesucristo, cuya justicia le ha sido reconocida. Será tan imponente como todos los ejércitos en marcha con sus estandartes. ¿Quién ha visto una Iglesia como esta, "terrible" para enfrentar las fuerzas del mal y las tinieblas del pecado y del mismo Satanás? Esa Iglesia que está apareciendo hará que las fuerzas de Satanás tiemblen y huyan.

Una cosa que Dios me ha mostrado acerca del diablo es que hay un mensaje que él teme más que cualquier otro. Es el mensaje de lo que la Iglesia será y lo que le hará. Yo creo que el diablo lucha contra esta verdad mucho más que contra cualquier otra.

El tercer pasaje que nos muestra la creciente división entre las tinieblas y la luz está en Apocalipsis. Es la misma verdad presentada de otra forma. El último libro, y casi los últimos versículos de la Biblia proclaman esta verdad:

> Y [el ángel] me dijo [a Juan]: No selles las palabras de la profecía de este libro, porque el tiempo está cerca. El que es injusto, sea injusto todavía; y el que es justo, practique la justicia todavía; y el que es santo, santifíquese todavía. He aquí yo [Jesús] vengo pronto, y mi galardón conmigo, para recompensar a cada uno según sea su obra.
> Apocalipsis 22: 10 – 12

El tiempo se acerca. Jesús viene rápidamente. ¿Y cuál es el mensaje? Escuche, es un mensaje aterrador. Aquel que es injusto, sea aún más injusto. Quien es depravado, sea aún más depravado. El que es justo, sea aún más justo. Aquel que es santo, sea aún más santo. Nadie puede quedarse quieto; o avanza o retrocede. Estar inmóvil, estático o neutral ya no es posible. Le diré una cosa: si desea liberación, más le vale que se desespere ahora mismo. Y no espere que el predicador de su iglesia local se desespere por usted.

Recuerdo a un hombre que me llamó para recibir consejo respecto a su problema que era la pornografía. Era un líder juvenil de una iglesia grande y reconocida que era parte de una denominación muy conocida pero estaba atrapado por la pornografía. Mencionó que su habitación estaba llena de volúmenes pornográficos y que no podía dejar las películas obscenas.

Le indiqué cómo arrepentirse y cómo ser liberado de ese pecado. Al año siguiente, cuando predicaba sobre esa misma área me llamó el mismo hombre por el mismo problema. Entonces le dije: "¿Por qué no siguió las instrucciones que le di el año pasado?" Él insistió en que estaba listo para venir a verme. Acordamos una cita pero no la cumplió. Me llamó al día siguiente y me dijo: "Lamento no haber ido a la cita porque fui a ver una película obscena."

¿Sabe que le dije finalmente? "Ya no le queda mucho tiempo. La Biblia dice que aquel que es depravado, que sea más depravado aún. Esas son las palabras de la Escritura."

Jamás había pensado en ese versículo de esa manera pero, ¡ah! cómo se aplicaba a este hombre. Era un hombre enredado en la pornografía pero pretendiendo que deseaba liberación.

Las palabras de la Biblia son contundentes: Si usted es injusto, sea aún más injusto. Si es sucio, sea más sucio aún, porque no le queda tiempo. Y si es justo, sea aún más justo y no confíe en su propia justicia. Si usted es santo, sea más santo. No hay nada que engañe más al pueblo de Dios que creer que la salvación es una condición estática a la que se llega pasando frente al altar de una iglesia repitiendo una corta oración y estrechando finalmente la mano del pastor. Esa es una caricatura de la salvación. La salvación no es una condición estática, es un estilo de vida.

Proverbios 4:18 dice: "Mas la senda de los justos es como la luz de la aurora, que va en aumento hasta que el día es perfecto." Job 17: 9 dice esto: "No obstante, proseguirá el justo su camino, y el limpio de manos aumentará la fuerza."

Millones de personas en las iglesias están engañadas respecto a lo que es la salvación. Debo reconocer una cierta medida de responsabilidad por permitir tal engaño. Yo he predicado un mensaje de salvación que no estaba alineado con la Palabra de Dios. La salvación no es una condecoración al mérito por haberse sentado quince años en un banco de iglesia. Es un estilo de vida "en acción". Si no estamos avanzando en el camino de la justicia, si la luz no aumenta su resplandor en nuestro caminar, entonces nos estamos desviando. El camino del justo es como la luz que brilla más y más hasta que el día es perfecto.

El resultado de esta gloria

¿Cuál será el resultado de tener esa Iglesia manifestada en la gloria de Dios? Creo que los próximos tres versículos de Isaías 60 nos lo dicen: "Y andarán las naciones a tu luz, y los reyes al resplandor de tu nacimiento" (versículo 3).

Las naciones y los gobernantes se volverán a la Iglesia. ¿Sabía que la mayoría de los gobernantes de las naciones de hoy están desesperados? No tienen respuestas para sus problemas, y lo saben.

Cuando la Iglesia llegue a ser lo que debe ser, tendremos a los líderes de las naciones haciendo fila en nuestra puerta buscando la respuesta para las oscuras tinieblas que han vivido. Esta situación se aproxima. Para estar listos debemos ser perseverantes en la oración.

Daniel y José fueron dos hombres que se mantuvieron constantes en la oración y así afectaron el futuro de sus naciones. En las horas más críticas de dos imperios paganos, los gobernantes acudieron a pedir ayuda a dos jóvenes judíos que tenían algo más que la sabiduría natural. Cuando supieron quién era el Dios de ellos inmediatamente los ubicaron en las posiciones más elevadas de autoridad. El Dios de Daniel y el Dios de José es el mismo Dios de la *Iglesia de Jesucristo*. Igual que Daniel y José, necesitamos estar en capacidad de testificarles a nuestros gobernantes para que sepan quién es nuestro Dios. Cuando ellos lo sepan, le temerán y lo admirarán.

En otro contexto de Isaías 60:4 leemos que "...los jóvenes vendrán." Hemos escuchado que a la Iglesia se le dicen estas palabras: "Alza tus ojos alrededor y mira, todos éstos se han juntado, vinieron a ti; tus hijos vendrán de lejos, y tus hijas serán llevadas en brazos."

Se dice mucho sobre los jóvenes en las profecías de los Últimos Días. Vea Hechos 2: 17: "Y en los postreros días, dice Dios, derramaré de mi Espíritu sobre toda carne, y vuestros hijos y vuestras hijas profetizarán; vuestros jóvenes verán visiones, y vuestros ancianos soñarán sueños." Hay una gran promesa para los jóvenes de estos tiempos en la Iglesia de Jesucristo. Ya han comenzado a cumplirse las promesas de Dios para ellos. Por ejemplo, en los últimos años, en la costa oeste de los Estados Unidos hemos presenciado los bautismos de más de cuatro mil o cinco mil jóvenes que se sumergieron en el mar y dieron testimonio de su fe en Jesucristo.

Tengo en lo profundo de mi corazón la convicción de que debemos estar atentos al testimonio de estos jóvenes. No creo que vayan a entrar a la iglesia institucional como la conocemos hoy día. Y por eso mi oración es: ¡Dios, no permitas que lo hagan! Tenemos la responsabilidad de darles un modelo de vida y disciplina cristiana que puedan aplicar sin conformarse, como usted y yo, a la rutina religiosa que hemos estado viviendo por tantos años.

El quinto versículo de Isaías nos dice lo que le sucederá a la Iglesia. Este es el que más me encanta: *"Entonces verás..."* Después de muchos siglos de ceguera espiritual, la Iglesia está comenzando a ver quién es Jesucristo y qué está haciendo para preparar su regreso. El próximo acontecimiento es que la Iglesia confluirá y se unirá (ver versículos 5-7). Una gran cantidad de pequeños arroyos de agua viva están fluyendo de diferentes lugares y uniéndose en una gran corriente que está transformándose en un caudaloso río. Y estoy seguro de que van a fluir hacia un poderoso océano que llenará la tierra con el conocimiento de Dios como las aguas cubren el mar.

La primera vez que Dios me dio el don de interpretación estaba recién bautizado en el Espíritu Santo. Hablé en una lengua desconocida, y sin darme cuenta comencé a interpretar la Escritura. No sabía de qué se trataba pero supe que yo no elegía las palabras que decía. Estaba perplejo. Recuerdo las palabras tan claramente como si hubiera sido ayer: *"Será como un pequeño arroyo;*

La Iglesia gloriosa

el arroyo se hará un río, el río se hará un gran río; el gran río se hará un mar; y el mar se hará un poderoso océano."

Yo lo creo así, exactamente. En ese entonces, si me hubieran hablado de un avivamiento no habría sabido de qué me hablaban. No tenía ningún conocimiento doctrinal de las Escrituras, ninguna experiencia en los círculos evangélicos. La primera vez que Dios me habló en forma individual me reveló lo que iba a hacer. Luego de haber evangelizado durante tantas décadas estoy en el momento en que veo cómo ese gran río comienza a fluir.

Pero este no es el final. El gran río se transformará en un mar, y el mar en un poderoso océano. Todo eso está aquí, en la Palabra de Dios: "Entonces verás, y resplandecerás; se maravillará y ensanchará tu corazón, porque se haya vuelto a ti la multitud del mar". Todos los que siguen el ejemplo de Cristo Jesús saldrán de sus rincones, de sus pequeñas colinas, de sus pequeños valles y se reunirán para convertirse en una gran corriente.

Cuando Ezequiel vio las aguas vivas que fluían fuera del Templo, en un principio comprobó que eran profundas hasta los tobillos. Avanzó mil codos y le llegaban hasta las rodillas. Adelantó otros mil codos y las aguas le llegaban hasta los lomos. En los siguientes mil codos ya eran aguas para nadar, como un gran río que no se podía pasar por un puente. Cuando la Iglesia sea tan profunda como las aguas para nadar, entonces no será pasada por alto. La Iglesia ya no será irrelevante ni estará desactualizada. Cuando el río sea tan profundo como para nadar en él, entonces el mundo sabrá que ha llegado el final.

¿Sabe usted qué pienso sobre el "primer arrebatamiento"? Que cuando algunos seamos arrebatados el mundo nos extrañará. Si eso sucediera en este momento dudo que el mundo se enterara. Pero cuando nos hayamos ido, el mundo nos extrañará. Esa es mi convicción.

El versículo 5 también dice: "porque se haya vuelto a ti la multitud del mar, y las riquezas de las naciones hayan venido a ti." La riqueza del mundo de los gentiles está viniendo a la Iglesia. Dios ordenó a su pueblo que edificara tres grandes estructuras. La primera fue el Tabernáculo de Moisés. La segunda fue el Templo de Salomón. La tercera es la Iglesia de Jesucristo. Sé que hubo otros edificios, pero ninguno de la categoría de estos tres. Entiendo que cada uno de estos edificios tenía un patrón divino, una provisión divina y un propósito divino.

Analicemos por un momento el Templo de Salomón y le mostraré a que me refiero.

La construcción del templo

En el primer libro de Crónicas, capítulo 28, se registran las palabras de David respecto a la preparación para la construcción de este magnífico Templo. Quiero compartir una extensa porción de las Escrituras para mostrar hasta qué punto Dios dirigió esta construcción.

> *Y David dio a Salomón su hijo el plano del pórtico del templo y sus casas, sus tesorerías, sus aposentos, sus cámaras y la casa del propiciatorio. Asimismo el plano de todas las cosas que tenía en mente...*
>
> Versículos 11-12

David recibió el modelo para el Templo por revelación divina del Espíritu de Dios. Continuemos leyendo:

> ... *para los atrios de la casa de Jehová para todas las cámaras alrededor, para las tesorerías de la casa de Dios, y para las tesorerías de las cosas santificadas. También para los grupos de los sacerdotes y de los levitas, para toda la obra del ministerio de la casa de Jehová, y para todos los utensilios del ministerio de la casa de Jehová. Y dio oro en peso para las cosas de oro, para todos los utensilios de cada servicio, y plata en peso para todas las cosas de plata, para todos los utensilios de cada servicio. Oro en peso para los candeleros de oro, y para sus lámparas; en peso el oro para cada candelero y sus lámparas; y para los candeleros de plata, plata en peso para cada candelero y sus lámparas, conforme al servicio de cada candelero.*

> Versículos 12-15

Cada elemento de oro y plata, el peso exacto de oro y plata necesario para hacer cada utensilio en particular, todo lo suministró David, hasta el último gramo.

> *Asimismo dio oro en peso para las mesas de la proposición, para cada mesa; del mismo modo plata para las mesas de plata. También oro puro para los garfios, para los lebrillos, para las copas y para las tazas de oro; para cada taza por peso; y para las tazas de plata, por peso para cada taza. Además, oro puro en peso para el altar del incienso, y para el carro de los querubines de oro, que con las alas extendidas cubrían el arca del pacto*

*de Jehová. Todas estas cosas, dijo David, me fue-
ron trazadas por la mano de Jehová, que me hizo
entender todas las obras del diseño.*

Versículos 16 - 19

¡Qué magnífico edificio es este donde aún las colum-
nas están hechas de oro! El modelo completo fue dado
por el Espíritu de Dios de manera sobrenatural. Cada
vasija, con su estructura exacta, su modelo, su peso y la
cantidad exacta de oro y plata para fabricarla, todo fue
diseñado por el Espíritu Santo.

Cuando David tuvo el diseño completo se dispuso a
conseguir la provisión.

*Después dijo el rey David a toda la asamblea: So-
lamente a Salomón mi hijo ha elegido Dios; él es
joven y tierno de edad, y la obra grande; porque la
casa no es para hombre, sino para Jehová Dios. Yo
con todas mis fuerzas he preparado para la casa
de mi Dios...*

1 Crónicas 29: 1 - 2

Una de las razones por las que Dios amaba tanto a
David era porque actuaba con todas sus fuerzas para
obedecerlo. Cuando hacía algo, no lo hacía a medias.
Adoraba a Dios de todo corazón, le daba lo que tenía de
todo corazón, y se consagraba a él de todo corazón. Por
eso David dijo de sí mismo:

*Yo con todas mis fuerzas he preparado para la
casa de mi Dios, oro para las cosas de oro, plata
para las cosas de plata, bronce para las de bronce, hierro para las de hierro, y madera para las
de madera; y piedras de ónice, piedras preciosas,*

*piedras negras, piedras de diversos colores, y toda
clase de piedras preciosas, y piedras de mármol en
abundancia.*

Versículo 2

¿No le hace sentir gozo a usted la descripción anterior? Cuando leo esta historia comienzo a pensar en que tenemos un Dios maravilloso. No hay mezquindad, no hay tacañería. Con nuestro Dios no hay una mente estrecha. Todo lo relacionado con él tiene que ser abundante y glorioso.

Luego David dio de sus propios recursos: "Yo guardo en mi tesoro particular oro y plata que, además de todas las cosas que he preparado para la casa del santuario, he dado para la casa de mi Dios: tres mil talentos de oro, de oro de Ofir" (versículos 3 - 4).

Se calcula que un talento de oro refinado en el tiempo de David tendría hoy un valor mínimo de unos $800.000 dólares De su propia riqueza personal David entregó 3.000 talentos de oro. Esto sería una suma alrededor de $2.400 millones de dólares. ¿Alguna vez se detuvo a pensar en eso? David comenzó su vida como un pequeño pastor de ovejas pero por la bendición de Dios pudo contribuir a la construcción del templo con miles de millones de dólares en oro, y ni siquiera calculamos el monto en plata.

Luego desafió al pueblo que también ofrendó voluntariamente. Se recaudaron 5.000 talentos de oro (versículo 7). Miles de millones de dólares. Y si se calcula el valor de los otros materiales, la plata y las piedras preciosas, más todo lo que debía ser importado (como los cedros del Líbano, por ejemplo), más las piedras labradas para el edificio, más los adornos tallados y las telas... la inversión resulta casi incalculable.

No se escatimó nada. Nada podía ser de segunda mano. Todo debía ser de la mejor calidad y de acuerdo con un patrón exacto. Y se hizo provisión para todo lo que se necesitaba, hasta el último gramo. Para cada candelero, cada tenedor, cada plato y cada fuente de oro, en la cantidad exacta, de acuerdo al modelo. ¿Por qué? Por causa de su propósito: Eran para la gloria de Dios.

La edificación del "Cuerpo"

Ahora bien, ésta es una imagen de la Iglesia de Jesucristo. Al acercarnos al final de esta era, Dios va a completar el más grandioso edificio que el mundo haya visto. Hará que el Templo de Salomón parezca insignificante. ¿Y cuál es ese edificio? El Cuerpo de Cristo.

Estoy seguro de que el propósito de Dios es completar el edificio de su Iglesia en esta generación. Eso significa que así como se necesitó la riqueza del pueblo de Dios para completar el Templo de Salomón, también se necesitará la riqueza del pueblo de Dios para completar la obra de la Iglesia de Jesucristo en la tierra.

Ahora nos estamos moviendo de lo espiritual a lo material. ¿O no? ¿Qué piensa usted? ¿Cree que no es espiritual hablar de oro y de plata? Si es así, ¡entonces la Biblia es un libro muy poco espiritual, y la Nueva Jerusalén es un lugar muy poco espiritual porque sus calles están pavimentadas con oro!

Escuche bien; tal como el Templo de Salomón precisó de la abundancia del pueblo de Dios para su terminación, así también la Iglesia de Cristo necesitará de la abundancia del pueblo de Dios para que sea culminada. Dios hará que su pueblo quiera dar a la Iglesia tan abundantemente como Israel dio para el Templo.

¿Sabe que ésta es una de las razones por las que me hice ciudadano de los Estados Unidos? Usted puede reírse, pero es cierto. Hablo con absoluta seriedad al decir que como un británico relativamente nuevo en los Estados Unidos, llegué a la conclusión de que Dios tenía un propósito y un destino especial para los Estados Unidos de América. Para un británico no es sencillo ver eso. Todos sabemos que Dios ha bendecido a esta nación materialmente, tecnológicamente, y en todo sentido, como a ninguna otra nación en toda la tierra.

Creo que Dios hizo esto porque desea que la riqueza, la tecnología y las habilidades de los Estados Unidos sean usadas para completar la casa de Dios. Y pienso que éste es el destino de Dios para los Estados Unidos de Norte América.

Yo oro por ese fin. He comenzado a reclamar la riqueza de los Estados Unidos para el Reino de Dios. No hay nada más trágico que ser bendecido con prosperidad material y carecer de visión para usarla. Ésta es la tragedia de muchos creyentes dentro de la nueva generación. Se les ha entregado todo en sus manos; tienen abundancia pero no tienen visión.

Ahora amigo, reconozcamos que muchas veces la prosperidad es una bendición y la pobreza es una maldición. Pero la prosperidad sin visión es sólo frustración. Lo que deseo trasmitirle es una visión para el final de los tiempos. ¿Está usted dispuesto a consagrar su servicio completamente al Señor? ¿Desea consagrar sus oraciones junto con sus ingresos, sus talentos y sus habilidades para el Reino de Dios y la Iglesia de Jesucristo? Eso es lo único que se mantendrá en pie cuando todo lo demás se derrumbe.

El reino inconmovible

Para cerrar este tema, venga conmigo al libro del profeta Hageo. Dios lo ha anunciado con claridad en las Escrituras: "Porque así dice Jehová de los ejércitos: De aquí a poco (en poco tiempo) yo haré temblar los cielos y la tierra, el mar y la tierra seca; y haré temblar a todas las naciones..." (Hageo 2: 6 - 7).

Este pasaje se cita en Hebreos 12 como la última gran intervención de Dios en juicio a las naciones. Éste es el sacudimiento final. Dios sacudirá todo lo que puede ser sacudido: pólizas de seguros, autos, casas, inversiones bancarias y todo puede ser sacudido. Lo único que quedará en pie es el propósito de Dios: "Y vendrá el Deseado de todas las naciones" (Hageo 2: 7). Así dice la versión Reina-Valera, pero la traducción correcta es "vendrán los tesoros de las naciones". ¿A dónde? A la casa de Dios.

Y llenaré de gloria esta casa, ha dicho el Señor de los ejércitos. Mía es la plata, y mío es el oro, dice el Señor de los ejércitos. La gloria postrera de esta casa será mayor que la primera, ha dicho el Señor de los ejércitos; y daré paz en este lugar, dice Jehová de los ejércitos.

Hageo 2: 7 - 9

¿Puede usted ver ahora el gran propósito de Dios? Mientras todo lo demás se derrumba, y tiembla, y se sacude a nuestro alrededor, mientras la oscuridad se hace más densa y mientras la perplejidad de las naciones aumenta, los reyes y los gobernantes se volverán hacia la creciente luz de la Iglesia de Jesucristo. Traerán sus tesoros a la Iglesia para que el propósito que Dios tiene en mente para el fin de esta era se alcance: "Y será predicado este evangelio del reino en todo el mundo, para testimonio a todas las naciones; y entonces vendrá el fin" (Mateo 24:14).

La predicación de este Evangelio del Reino se llevará a cabo. El Evangelio completo de Jesús como Salvador, Sanador, Liberador, será predicado en todo el mundo y a todas las naciones. Entonces vendrá el fin.

Ahora escuche bien esta advertencia: seamos sensatos. Dios dice: "Mía es la plata y mío es el oro". Si el diablo tiene dinero es porque se lo robó a alguien. ¿A quién le pertenece? A Dios. Y Dios nunca le dio derecho legítimo sobre ese dinero. El pueblo de Dios se disculpa pero es el mundo pagano el que debería disculparse, no el pueblo de Dios. Es nuestro derecho.

"Mía es la plata, y mío es el oro". "La gloria postrera de esta casa será mayor que (la gloria de) la primera". En otras palabras, Dios dice: "Tráiganme la plata y el oro a mi casa y verán lo que hago". El Evangelio del Reino debe ser predicado para completar la Iglesia de Jesucristo. Porque deben venir de todos los reinos y naciones y pueblos y tribus y lenguas (ver Apocalipsis 7: 9). El Evangelio debe ser predicado en todo el mundo, no en una versión humanista sino en la manifestación del poder del Espíritu Santo, tal como Pablo lo predicó. Entonces vendrá el fin.

¿Cuál es su tarea y la mía? Gobernar su Reino como sacerdotes consagrados a la oración y dedicados a llenar la casa de Dios de su gloria.

Dos semanas después de que Dios me hubiera rescatado me dio una visión de lo que había planeado para mí. No sabía que eso era una visión ni sabía lo que eran las visiones pero fue algo muy real. En ese momento vi algo parecido a la cima de una montaña a la distancia. Había grandes áreas despobladas entre la montaña y yo, pero emprendí el viaje hacía allá. Sentí miedo cuando venían tormentas, las nubes negras bajaban y la cima de la montaña se oscurecía. No una, sino muchas veces comencé a desviarme del sendero. Por la misericordia de Dios, las nubes se disipaban y el sol salía e iluminaba la cima una vez más. Al ir en la dirección equivocada Dios me corregía y me dirigía hacia la cima nuevamente. Esto es, más que cualquier otra cosa, lo que me ha mantenido en el camino de la voluntad de Dios. Es tener una visión, tener algo por lo cual trabajar, algo que sé que Dios desea que alcance en mi vida.

En esta etapa de mi vida, habiendo sido cristiano por muchas décadas, puedo decir que ésta es mi mayor motivación porque domina mi pensamiento. Creo que puedo entender las palabras de Pablo cuando expresó su propósito: "que acabe mi carrera con gozo, y el ministerio que recibí del Señor Jesús" (Hechos 20: 24).

Con los ojos de mi mente veo esa cima y digo en oración: "Por la gracia de Dios, no me detendré hasta alcanzarla."

¿Me acompañará usted?

Ésta es mi oración final. Que usted pueda darle toda la gloria al Señor porque él se la merece. Que el Reino de Dios sea establecido a través de sus oraciones. Que usted pueda encontrar su lugar en el Cuerpo de Cristo, conociendo la voluntad de Dios y venciendo al enemigo. Que usted y todo lo que tiene sea usado para establecer un real sacerdocio que dé la bienvenida al Reino de Dios. Deseo que finalmente usted conozca el gozo de la oración contestada. Así sea.

Derek Prince (1915 – 2003) nació en India, de padres británicos. Estudió en las universidades inglesas *Eton College* y *Cambridge*, y llegó a ser un experto en latín y griego. Tuvo una beca de estudios en Filosofía Antigua y Moderna en el *King´s College*. También estudio varias lenguas incluyendo hebreo y arameo en *Cambridge University* y la *Universidad Hebrea* en Jerusalén.

Comenzó a estudiar la Biblia mientras hacía parte del Ejército Británico durante la Segunda Guerra Mundial y allí tuvo un encuentro con Jesucristo quien transformó su vida. Como resultado de este encuentro llegó a dos conclusiones: Primera, que Jesucristo está vivo; y segunda, que la Biblia es veraz, pertinente y actual. Estas conclusiones alteraron el curso total de su vida, la cual dedicó después al estudio y enseñanza de la Biblia.

El don principal de Derek de explicar la Biblia y sus enseñanzas en forma clara y sencilla ha contribuido a edificar un fundamento de fe en millones de personas. Su enfoque no denominacional y carente de sectarismo hace su enseñanza igualmente relevante y útil para personas de todo trasfondo racial y religioso.

Es autor de más de 50 libros, 600 enseñanzas en audio y 140 videos, muchos de los cuales han sido traducidos y publicados en más de 60 idiomas. Su programa radial diario *El Legado Radial de Derek Prince* se traduce al árabe,

Chino (Amoy, Cantonés, Mandarín, Shangalés, Swatow) Cróata, Alemán, Malagasy, Mongolés, Ruso, Samoano, Español y Tongano. Sus programas radiales continúan influenciando muchas vidas en todo el mundo.

Los **Ministerios Derek Prince** persisten en su labor de hacer llegar a los creyentes en todo el mundo las enseñanzas de Derek cumpliendo el mandato de hacerlo "hasta que Jesús venga." Esta labor se realiza a través de sus oficinas internacionales en Australia, Canadá, China, Francia, Alemania, Holanda, Nueva Zelandia, Noruega, Rusia, Sudáfrica, Suiza, el Reino Unido y los Estados Unidos de América.

Para obtener información de estas y otras sedes internacionales, visite la página de Internet www.derekprince.com